お金の失敗は必ずやり直せる！

自己破産者が教える借金生活を変える法

NPO法人自己破産支援センター代表
石山照太 著

現代人文社

お金の失敗は必ずやり直せる!
自己破産者が教える借金生活を変える法

はじめに

私も自己破産者

　まずは、自己紹介から。私は「NPO法人　自己破産支援センター」の代表をしている石山照太と申します。そして私は、**自己破産者**です。この本は、自己破産者自身が書く**借金からの再生本**なのです。

　私がこの本を書いたきっかけは、私自身の経験です（詳しい内容は、本書の「『おわりに』に代えて」に書きましたので、お読みください）。私がまだ多額の借金を抱えていた頃、それは生き地獄同然の心境でした。「どこかに、誰かに相談したい……」。そんな思いを抱えながら毎日、お金の問題と格闘していました。毎月やってくる支払日の恐怖、鳴り続ける電話。精神的にも肉体的にも限界が近づいていました。しかし、借金のことは誰にも話せませんでした。今となってはそれはたいへんばかばかしいことでしたが、当時の私には到底無理でした。それは、プライドやしがない人生経験が邪魔をした結果でもありました。しかし、それにもまして**相談する所がなかった、見つけられなかった**ということが大きかったのです。弁護士や司法書士に相談するとそれだけで多額のお金がかかる……。私にはそのお金はありませんでした。そして、自己破産という制度があることを思い出し、自分で勉強を始めます。大きな書店に行き有名な弁護士・大学教授の書いた債務整理の本を何冊か買い、その日のうちに読み始めました「この本を読めば助かる！救われる!!」大きな期待と希望を胸に真剣に読みました。

　ところが、これらの本は、今まで見たことのない条文、聞いたことも

ない法律用語のオンパレードだったのです。正直よくわからない。これが素直な感想でした。法律家には簡単にわかる良い本なのですが、素人には難しすぎる本でした。その時の絶望感は今でも鮮明に覚えています。

　私にとって、この種の本で本当に使える本とは、**わかりやすく書いてある本**ということです。書く側は法律のプロであっても、読む側は大部分が法律の素人なのです。特に借金に関しては、とても多くの不安やウソ・デマがあります。ですから、素人にとって欲しい情報は、条文の羅列や専門用語のオンパレードではなく、こうした不安やウソ・デマを取り除いてくれるようなわかりやすい本なのです。

　そこで、本書は、このような私自身の当時の経験とその後、法律を勉強し現在では債務問題に取り組む民間の一専門家としての知識、そして何よりも年間1,500件以上（2007〔平成19〕年実績）にも及ぶ「生の相談例」の蓄積から、素人にでも**ハッキリと相談できる！　スッキリとわかる！！**本にまとめることを目指しました。借金で悩んでいるのは、あなただけではありません。全国で1,200万人の方が悩んでいるのです。今まで誰にも聞けなかった借金のあれこれを、ウソやデマを信じて騙されたり絶望する前にこの本で解決して下さい。そして明日の自分を変えましょう！

明日の自分を変える方法

　「明日の自分を変える」。この言葉は私が相談者に対してよく使っている、言わばテーマみたいな言葉です。なぜ、未来ではなく「明日」なのか。それこそがこの言葉に秘められた重要なポイントです。
　借金で悩みを抱えている人は大なり小なり「罪悪感」を感じて生活をしています。「借金＝恥ずかしいこと」と勘違いをしているためです。

そして、家族・友人・知人等に相談もできないまま、まるで借金をしているのは「世界で自分だけ」と思うようになってきます。この現代社会で（特に、都会に住んでいればいるほど）借金をしたことがない人のほうが特殊で、逆に借金をしている人のほうが普通ではないのかな、と私は思います。しかし、借金をしている本人の意識としては、やはり「自分は特別ではないか？」という感覚があり、思い悩んでしまうのです。そして、いつしか自分自身が楽になれると勘違いをして、借金を直視することを止めてしまうのです。「忘れよう、忘れよう」とするのです。しかし、本当にそれで楽になるのでしょうか？　現実逃避をして本当に楽になるのでしょうか？　答えは「ノー」です。

　例えば、「がん」の疑いのある人が病院に行って検査するのをためらうことがあるとよく聞きませんか。周りの人間は、早く検査を受けに行ったほうが良いと思うでしょう。しかし、当人は「もし本当にがんだったら怖い」と感じているから検査に行けないのです。これは借金のこととよく似ています。放っておいたらどちらも取り返しのつかないことになりかねません。ことは一刻を争うのです！　では、どうしたら良いのでしょうか。実は、簡単なことなのです。つまり、「少しの勇気を持って**最初の一歩を踏み出すこと**」です。

　明日の自分を変える方法、それは自分自身の中にあるのです。今の自分に眠っている少しの勇気で確実に明日は変えられます。未来のことは誰にもわかりません。しかし、明日なら、明日の自分ならば、今日の自分が行動をし始めることで少しずつ変えていける実感がわくでしょう。そして、動き出したのならば決して立ち止まってはいけません。少しずつ、少しずつゆっくりと、しかし確実に前に進むのです。世の中に解決できない借金の問題はありません。特別な人間もいません。そんなつまらないことで悩む前にまず行動をしましょう！　この本にはその方法が詰まっています。ページをめくる度に確実に前進しているはずです。そ

して、本を読み終えたら、次に何をすれば良いかすでに自分の答えは出ているはずです。

　止まない雨はありません。明けない夜もないのです。

　転んだことが恥ずかしいのではありません。起き上がれないことが恥なのです。

　今日よりも明日、明日よりも明後日、きっと晴れる日は来るのです。

　それを信じて！　昨日の自分へリベンジ！　人生にリベンジ!!

この本の見方・使い方

　この本は、私たちのNPOが今まで行ってきた無料相談の手法に基づいて書かれています。難しい法律用語は極力なくし、できるだけわかりやすく、噛み砕いて説明をするようにしています。

　もっとも大切なことは**自分の人生は自分で変える**ということです。決して他人任せにせず、また他人に責任転嫁をしないで自分で道を切り開いていく。このことが大切なのです。この本ではそこに重点を置いていて**自分に置き換えて考えること**ができるようになっています。重要なポイントは、以下の3点です。

　①　自分の現在の状態をハッキリ知ること
　②　これから自分が借金をどうしたいのかをシッカリと考えること
　③　自分にあった対処法をスッキリと学ぶこと

　まず、第1章と第2章では、自分の状態を知って、この先どうしたいのかを考えていただくようになっています。ほとんどの借金にまつわる不安は、現在の自分の状態がわからないことから始まっています。そこで、第1章では、自分の状態を知るための方法や、そのための知識が書いてあります。この章で、今までの自分を見つめ直してください。第2章では、サラリーマン・主婦・会社経営者などタイプ別に分け、それぞ

れのタイプによくみられる借金の傾向と対策を盛り込んでより自分に合った方法がわかってもらえるようになっています。つまりハッキリわかってシッカリ考えられる章です。

　次に、第３章は、具体的な債務整理の方法とポイントを書いています。第２章で見つけた自分に合った方法をより詳しく掘り下げて行きます。債務整理とは、どんな制度なのか？　何が必要なのか？　どうすれば良いのか？　皆さんが疑問に思うことを可能な限りやさしく説明しています。また、今まで敷居が高かった弁護士や司法書士の選び方についても書いていて、債務整理の全容をスッキリと学ぶことができる章です。

　第４章は、私たちが相談を受けた、実際の相談例の中から「借金から立ち直った」思い出深い例をいくつか挙げます。事実は小説より奇なり。読んでいくとさまざまな人間模様が浮かんできます。でも「解決できない借金はない」という言葉通り、全ての人は困難に打ち勝って明日を掴んでいるのです。

　第５章は、もっとも重要な章になる方が多いかもしれません。債務整理後の生活についてです。この点まで書かれている本は、とても少なく当時の私も不安な要素の１つでした。しかし、債務整理後の生活の安定こそが実はたいへん重要だったりします。私やNPOの理事たちの体験、ときどきお手紙を頂く過去の相談者さんからのその後を踏まえ、利用できる制度や工夫を紹介していきます。

　そして、最後に、私の過去の経験を書きました。私も自己破産者としていろいろと辛い悲しい思いをしてきました。自身のことなので、他の相談例よりも詳しく書くことができましたので、是非読んで頂きたいと思っています。

　では、明日の自分を変えるために、ページを読み進んでいってください。

『お金の失敗は必ずやり直せる！ 自己破産者が教える借金生活を変える法』
目次

はじめに 2
    私も自己破産者／明日の自分を変える方法／この本の見方・使い方

第1章　まず、お金の問題を自覚しよう　11
  1　あなたは見つけられますか？　借りすぎのサイン　11
  2　まずは、自分の状態を正しく知ることから始めましょう　13
    (1) まずは、紙に書き出す　14
    (2) 次に、自分の生活を知る　15
    (3) あなたの借金進行度チェック　16
  3　自転車操業のはじまりと破綻　18
    (1) 自転車操業の3つの恐怖　18
    (2) 自転車操業の破綻　20
  4　多重債務者とは何か　21
  5　債務整理とはどういうものか、多重債務の末期とは　24
  6　これだけはやってはいけない！　素人考えの行動　26
  7　ブラックリストとは？　28
  ［コラム：夜逃げは得か損か？］　29

第2章　タイプ別　多重債務の現状と対策　31
  1　はじめに　31
  2　タイプ別　多重債務の現状と対策　33
    (1) 会社員、ワーキングプアの方　33
    (2) シングルマザー、主婦の方　39
    (3) 事業主（自営業者、会社経営者）の方　41
    (4) 病気を患っている方、高齢者、無職の方　45

(5)　投資家、ギャンブルや浪費癖のある方　46

第3章　債務整理の方法　49
　1　効果的な債務整理　49
　2　任意整理　50
　　(1)　債務整理でできること　50
　　(2)　任意整理の手順　51
　　(3)　任意整理のメリットとデメリット　53
　　(4)　任意整理にかかる費用　55
　　(5)　任意整理の実例〜実際の相談事例から〜　55
　3　特定調停　57
　　(1)　特定調停でできること　57
　　(2)　特定調停の手順　58
　　(3)　特定調停のメリットとデメリット　59
　　(4)　特定調停にかかる費用　61
　　(5)　特定調停の実例〜実際の相談事例から〜　61
　4　自己破産　62
　　(1)　自己破産でできること　62
　　(2)　自己破産の内容と手順　62
　　(3)　自己破産の流れ　65
　　(4)　申し立て書類の作成　66
　　(5)　自己破産の申し立て　69
　　(6)　破産手続き開始決定　70
　　(7)　審尋　70
　　(8)　競売　71
　　(9)　免責決定　72
　　(10)　免責確定　72
　　(11)　自己破産の注意点　73
　　(12)　自己破産にかかる費用　73
　　(13)　自己破産のよくある質問　74
　　(14)　自己破産は人生の墓場ではない！　78
　5　個人再生　79

(1)　個人再生でできること　79
　　(2)　個人再生の手順　79
　　(3)　住宅ローン特則　81
　　(4)　個人再生で処分される財産　81
　　(5)　個人再生の流れ　82
　　(6)　個人再生にかかる費用　83
　　(7)　個人再生のメリットとデメリット　83
　6　失敗しない法律家選び　85
　7　法律扶助制度　90
　　(1)　法律扶助制度の適用基準　90
　　(2)　申請する所と注意点　91
　　(3)　審査期間と弁護士選任　91
　[コラム：差し押さえは赤紙ペタペタ？]　92

第4章　相談例に見える再起への道　94
　1　はじめに　94
　2　母を思う息子の挑戦！［主婦・50代・任意整理］　95
　3　お人好しの夫の奮起！［会社員・50代・個人再生］　99
　4　ドメスティック・バイオレンスで離婚したシングルマザー
　　　［無職・20代・自己破産］　102
　5　目指せ！　老後の平穏な生活［無職・60代・自己破産］　106
　6　夫婦の絆［会社員・40代・自己破産］　110
　7　裏切りの代償［個人経営者・50代・自己破産］　114
　8　買い物の価値［主婦・40代・自己破産］　117

第5章　債務整理後の生活　121
　1　債務整理後の生活のススメ　121
　2　「脱・借金生活」のための3つのポイント　122
　3　最低限の生活を守る「生活保護」　126
　　(1)　生活保護の内容　126
　　(2)　生活保護を受けるために　128
　4　病気を治して社会復帰　132

5　子どもが心配で……債務整理と教育ローン　134
　　6　現代社会の必需品、クレジットカードの代用品　135
　　　(1)　便利なデビットカード　135
　　　(2)　騙されるな！　クレジットカード発行詐欺!!　138
　　7　あなたを狙う詐欺師・悪徳業者の手口！　139
　　　(1)　ブラックリスト消去詐欺　140
　　　(2)　融資手数料・紹介詐欺　141
　　　(3)　自己破産情報詐欺　141
　　　(4)　自己啓発グッズ詐欺　142
　　[コラム：暗躍する整理屋からの連絡]　143

「おわりに」に代えて～私も自己破産者　145
　　免責決定の日／全ては母の病気から始まった
　　／母の入院・手術と資金繰り／再発
　　／寿司と初めての消費者金融／母の死と病魔
　　／闘病生活と膨らむ借金／自転車操業のはじまりと破綻の時
　　／そして、自己破産へ／さいごに

　　[参考文献]　160

本書に寄せて　後閑一博（司法書士）　161
　　本書のタイトルについて／"やり直し"に不可欠な理解者の存在
　　／誰のための手続きか

第1章

まず、お金の問題を自覚しよう

1　あなたは見つけられますか？　借りすぎのサイン

「あれ？　今月もちょっと苦しいぞ」と、思ったことはありませんか。私自身もそうでしたが、借金が膨らんでいるあいだは、その自覚はあまりないのです。その時点では十分に支払える額ですし、初めから生活費が足りなくて借金をすることは、それほどないからです。最初は、持ち家、車、プラズマテレビ等の高級家電、時計や衣服、エステ、旅行など……そんな理由から借金をすることが多いのではないでしょうか。クレジットカードを使ったり（特に作りたてのカードは使いたくなるものです）、専用のローンを組んだりして、おそらくこの頃は「借金をしている」という意識は薄いはずです。

でも、借金は借金なのです！　すべてはここから始まるのです‼

例えば、独り暮らしや結婚を機にいろいろと周りの物を買い足したり、買い換えたりすることがあると思います。「せっかく買うのだから……」と少々無理をしたり背伸びをしたりすることがあると思います。また、クレジットカードをよく使う方で、「私はカード主義だから」とコンビニ等でもカードを使っている方はいませんか。「自分の稼いだ金だから」「自分にご褒美」などと言って調子に乗って買い物をしていませんか。そして、本当に**その借金はきちんと返せますか？**　無論よく考えた結果、借金をしているのでしょうが、**本当に大丈夫でしょうか。**

ついつい使いすぎてオーバーローン（自分の収入に対してローンの支払いが多いこと）になってしまう。これは多重債務への近道なのです。でも自分がそれに気がつくことはありません。なぜなら多くの方は「自分だけは大丈夫」と思っているからです。しかし、多くの多重債務者予備軍には、共通して見られる傾向があります。それらを確認することで、今なら軌道修正をすることができると思います。以下にその傾向を挙げてみます。

- 最近、クレジットカードを使う際、**リボルビング払い**をよく使う。
- ボーナス払い等で商品を買ったが、支払いの時**思ったよりしんどく感じた**。
- 月の支払額を最近気にするようになった。何か**ストレス**を感じる。
- 月の支払日を終えたとき**とても爽やかな気分**になった。
- **これだけは止められない**という物や行動がある（酒・タバコ・ギャンブル・買い物・旅行など）。
- **自分だけは大丈夫**と思っている。返済する**自信**がある。

　いかがでしょうか。思い当たる節はありましたか。しかし他にも、多重債務に陥るいろいろなサインがあります。自分は「まだ大丈夫」と思っていても、客観的に見ると実は収入に対して借りすぎているというケースは多いのです。多重債務にならないように、この時点でしっかりと節約し正常な生活をすることが重要です。そうしないと、数年後に、これから説明する多重債務者になっているかもしれません。
　もう一度、自分に問いかけてみてください。「ちょっとのつもりでの付き合いや外食は多くありませんか」「その買い物は本当に必要ですか」

「格好つけてはいませんか、無理してはいませんか」そして何より、**あなたは自分の生活費を本当に知っていますか。**

2 まずは、自分の状態を正しく知ることから始めましょう

　今の自分の状態を正しく知る。こう書くと変に思われる方もいるでしょう。「自分のことはよく知ってるよ」とお叱りを受けるかもしれません。でも、実は**自分自身のことが一番わかっていない**ものなのです。私のこれまでの相談の経験からすると、**全体の9割の方**、つまり、ほとんど全員が自分自身のことを**正しく把握できていない**のです。さらに借金をしている期間が長くなればなるほど、思い込みをしている傾向が強くなります。

　その思い込みとは、要するに、**収入は2割増し、借金は3割引き**というものです。

　特に、日本人は「借金＝悪」と思う傾向があります。恥ずかしいと思う気持ちから、頭の中で無意識にこのように思い込んでしまうのです。相談者の方から詳しい話を聞いていくと、たいていの方が、自分が思っていた借金の金額と現実の借金の金額とのあいだに開きがあることに驚かれます。なかには「あ、もう一件借りていた」と急に言い出す人がいることも珍しくありません。

　しかし、こう言った思い込みがあると、借金の問題を解決しようとする時、さまざまな障害を生み出す危険性があります。例えば、まったく見当違いの債務整理をしたり、大丈夫と思ってしたことが原因で債務整理ができなかったり、ということがありえます。ですから、自分で自分のことを正しく把握するのはとても大切なのです。

⑴　まずは、紙に書き出す

　では自分のことを把握するためには何をしたらよいのでしょうか。私は、非常に単純な方法を相談者の方にとってもらっています。それは**紙にできるだけ詳しく書き出す**という方法です。

　当然と思われるかもしれませんが、あなたは自分の借金を今まで紙に書いて一覧表にしたことがありますか？　おそらくこれを実践された方は珍しいでしょう。ですが、この方法はとても**効果がある**のです。まずは紙に債権者の名前を左端に上から順に書き出していきます。そしてその名前の横に借金の合計金額、月々の返済金額を書いてください。そして、合計を出しその下に自分の手取り月収を書きます。そうすると簡単な表になります。以下のイメージ図を参考にしてください。

債権者名	借金額	月々の返済額
○○銀行	¥○,○○○,○○○	¥○○,○○○
××カード	¥○○○,○○○	¥○○,○○○
△△銀行	¥○○○,○○○	¥○○,○○○
⋮	⋮	⋮
⋮	⋮	⋮
	合計	合計
	¥○,○○○,○○○	¥○○,○○○
		自分の手取り月収額
		¥○○○,○○○

　この方法を実践するにあたって、重要なポイントがいくつかあります。それらを守っていなければ、この方法の効果はほとんどありません。

　その重要なポイントとは、以下の3点です。

　　・債権者の名前は決して漏れがないように書くこと（「忘れてた」

では話になりません！）
- 借金の金額や返済金額は電話やATMで調べて、できる限り詳しく書くこと（これが一番重要なことです）
- 自分の手取り月収は最新の金額を書くこと（一番収入が良い時の金額を書いてはいけません）

　いかがでしょうか。自分が頭で思っている金額と一致していましたか。自分が思っていた金額と違いがある人がいるはずです。しかし、これが**現実**なのです。この方法は、私が過去に自己破産する際、「債権者リスト」という書類を作成した際、自分の借金の額を紙に書き出すことで現実を知り驚愕した経験から、**自分のことを知る**きっかけになれば、と多くの相談者にアドバイスしている方法です。

(2)　次に、自分の生活を知る

　では、上記の方法でできあがった表を見てください。自分の手取り月収と月々の返済額を見比べましょう。生活資金はどれくらい残っていますか。そして、今の自分の生活をよく考えてください。その残った生活資金の中で生活ができているでしょうか。家賃・光熱費・食費・保険料・税金・交通費・衣料品代・医療費など……「あれっ？」と感じた方は**要注意**です。もしかしたら「**自転車操業**」をしていて、すでに感覚が麻痺しているのかもしれません。

　この表を見て、正常に返済できている方は、残った生活資金でストレスなく暮らしていけ、預貯金等ができている方です。この方は、たとえ借金をしていても、それは一時的で心配はありません。しかし、そういった方は少数でしょう。大部分の方はこの時点で生活資金が足りなくなっていませんか。では、足りない生活資金はどこから出ているのでしょうか。

第1章　まず、お金の問題を自覚しよう

多くの方は2つの方法のどちらかによって、生活資金を補っています。1つは、家族などによる援助で、もう1つは**自転車操業**です。

　このうち、1つ目の家族などによる援助の場合で多いのは、夫婦共働きで両方の給料を合算して生活資金に当てている方でしょう。この場合、現状はまったく問題がないように見えてしまいます。無論、すぐには債務整理も考えなくてよいでしょう。でも考えて頂きたいのは**どちらかが働けなくなった場合どうするのか**ということです。例えば、妻のほうが病気で倒れた場合、すぐにオーバーローンになってしまいます。私が受けた相談例からも、夫婦の片方が倒れて連鎖的に債務整理をする破目になるという事例はとても多いのです。「転ばぬ先の杖」ということでできるだけ生活にかかる支出を抑え、預貯金をし、最悪の結果になった際に対処できるようにしておくのが望ましいと言えるでしょう。2人で働いているからといって将来が保証されていることはありません。欲しい物があるから買う、まだ余裕はある、と何もしないでいると、将来きっと後悔することになります。気をつけましょう。

　次に、2つ目の**自転車操業**です。これはとても怖い状態で、この状態を放置しておくと感覚が麻痺し「借金癖」がついたりしてしまいます。後ほど、この自転車操業についてより詳しく説明しますが、その前に借金がどの程度進んでいるか、そしてどの程度自転車操業に陥っているかを確認してみましょう。

(3) あなたの借金進行度チェック

　先ほど作成した一覧表をもう一度見てください。そして、月々の返済額が手取り月収の何割になっているか計算をして下さい。その結果で、現在の借金進行度がわかります（次のページの表を参考にして下さい）。また、自転車操業の危険性もある程度わかるようになります。

月々の返済額 (月収＝手取り金額)	現在の状態	対処法
月収の3割以内	青の点滅信号	問題なく返済できているがこれ以上借金を増やさない努力が必要。
月収の4割	黄色信号	一部ですでに自転車操業が始まっている状態。この状態が続くと危険。
月収の5割	赤信号	大部分で自転車操業をしている状態。これ以上は借金も爆発的に増える時期。
月収の6割以上	末期状態	すでに深刻な末期の状態。できるだけ早く債務整理をする必要がある。

　いかがでしょうか。このチェック表は、私の経験とこれまでの相談事例とを分析して作ったものです(個人的に差はありますので、これはあくまで参考ですが)。よく年収で比較する専門家もいますが、それではまったく意味がありません。やはり月ごとの収入と生活費を判断の基準にしたほうが確実です。いくらボーナスがあったとしても、その月に生活費が足りないと借金をしてしまうものなのですから。

　このチェック表から、月収の3割以内の返済ならばそれほど問題なく返済できるのに対し、4割を超えると自転車操業をする危険がぐんと高くなることがわかります。その差はたった1割ですが、そこにオーバーローンの怖さがあるのです。1割と言っても月収20万円の方の1割は2万円になります。2万円もあれば、1人分の1か月の食費には十分です。けっこう大きな額なのです。つまり、このたった1割、2割という金額が借金を増やすかどうか、**自転車操業になっているかどうか**、ひいては**多重債務者になるかどうか**の境目になるのです。

3　自転車操業のはじまりと破綻

⑴　自転車操業の３つの恐怖

　さて、話は**自転車操業はなぜ恐ろしいのか**という点に入ります。自転車操業とは、通常は、会社が資金の借り入れと返済を繰り返しながら操業を続け、かろうじて倒産を免れているという状態を言いますが、ここでは一度返済したそばから再び借金するということを繰り返す行為のことを言います。

　借金が増えてきて毎月の返済後に生活費の支払いが苦しくなってくると、ほとんどの方は自転車をこぎ始めます。最初のうちは金額も件数も少なく、また借金に対する「罪悪感」もあります。前の借金を返済した直後に、また借り入れすることは通常は、誰しもが「恥ずかしい」と思うものです。しかし、これが２回、３回と回を重ねるごとに金額も大きくなり、また複数の借金先のほとんどの借入先で自転車操業をしてしまいます。そして「罪悪感」もだんだんと薄れてくるのです。

　では、自転車操業のメカニズムとは、そしてその時の心理状態とはどのようなものなのでしょうか。例えば、Ａさんの場合を想定しましょう。Ａさんの月収は手取り20万円、借金は４件で合計200万円、月に８万円ずつ返済しています。今までは家賃・食費・光熱費・交通費など生活費が月に12万円で何とかやり繰りをしてきました。ところが、ある日、病気をしてしまい50万円を新規で借金してしまいます。その後、職場復帰をしますが借金は利子がついて総額250万円になり、返済額も月に10万円になってしまいました。しかしどうしても食費が足りません。ここでＡさんは自転車操業を始めます。つまり、その食費を補うためにさらに借金をするのです。月々の返済額にしてたった２万円の差なのですが、この２万円が引き金となってしまいました。ここで自転車

操業の悪魔が牙を剥きます。通常、消費者金融からお金を借りた場合、5件で10万円返すと3万円程度は再び借りられるようになります。Ａさんは借金が増えているにもかかわらず、生活費は以前と変わらない状態なので、ひとまず安心し普通の生活に戻りました。

　しかし、これは**見せかけの安心**であることはおわかりいただけると思います。

　以前は少ないながらも、きちんとＡさんの借金は減っていました。ところが新しく借り入れた後、借金はまったく減らなくなりました。これが自転車操業の恐怖の１つ目です。これに対して、「ばかばかしい。あたりまえだよ」と言われる方もいるかと思います。ですが、それはあなたがまだ「正常」な状態にある証なのです。切羽詰ってくると、Ａさんのように**視野が狭くなり**、考えも単純になるのです。単純に「ああよかった、乗り切れた」と思うものなのです。

　自転車操業の恐怖の２つ目はこの状態が長く続くことです。ギャンブルや浪費による借金では自転車操業の状態は長くは続きませんが、多くの借金の理由である**生活苦**ではこの自転車操業の状態が長く続きます。私は２年続きました。長い方では10年以上続くこともあるのです。

　そして、返しては借り、借りては返し、という攻防戦が長期化するとほとんどの方はある錯覚をするようになります。つまり**借金も収入と変わらなくなる**のです。まるで自分の給料のようにあたりまえに借金は生活費になって行きます。**罪悪感**はどんどん薄れてきて本当に**自然に生活ができてしまう**のです。さらに、そのなかで**借金は減っていない**という事実を忘れようとするようになります。

　自転車操業の恐怖の３つ目は、本人が**かたくな**になることです。**自分はきちっと生活ができている**と勘違いをしていく状態です。わかりやすく例をあげるといわゆる**「ゴミ屋敷」**の主人のようになってしまうのです。誰から見ても「ゴミ」があふれているのに、そのことに触れたり撤

去しようとすると突然激しく怒り出したりします。自転車操業を繰り返しているかたにも同じような傾向が見られます。家族や友人・知り合いが借金のことを持ち出すと、不機嫌になったりすることが多くなります。しかし、これはSOSのサインでもあります。借金に対する**罪悪感**は薄れてはきますが、心の片隅に根強く残っていて、借金があるあいだはずっとそれに苛まれます。借金をしている方で「うつ病」や「摂食障害」などを発症したり、「引きこもり」になったりする原因はここにあるのではないかと考えられます（これらは後の章で書きます）。

とはいえ、この状態ではまだ借金ができる場合が多く、これは本当の意味での借金の怖さではありません。あくまでこれは前段階であるのです。本当の怖さはこの後に来るのです。

先に、自転車操業は長ければ10年以上も続くと書きました。では、この自転車操業はどのように終わりを迎えるのでしょうか。

(2) 自転車操業の破綻

自転車操業の破綻はある日、突然やってきます。私の場合は、あるクレジット会社が私の信用情報に多重債務者情報を登録したことが始まりでした。おもしろいことにそれまで自転車操業は本当にうまくいっていました。**このままずっと続くのではないか**、そう感じていた矢先のことでした。情報は1か月程度ですべての関連業者に行き渡りました。

そして突然、新しい借り入れができなくなったのです。**自転車の車輪が外れた瞬間**でした。生活費などはすべて自転車操業をして借りたお金でまかなっていましたから、借金は返せても食べていけない状態になってしまったのです。

さらに、これで終わったわけではありません。このような状態になっても貸してくれる金融業者があったのです。すがる思いで私は借りつづけました。爆発的に借金が増えていきます。自転車操業をしていた頃と

は違い、毎月の給料では借金の返済すらできなくなっていました。まさに**借金のために借金をする**状況でした。思えば、毎月の資金繰りをどうするか、どうやってお金を作るか、ただそれだけを考えている毎日でした。**そして、ついに貸してくれる所がなくなってしまいました。**

　自転車操業の破綻には、さまざまな理由があります。私のように返済が特に遅れることがなくても借り入れを拒否される場合もありますし、怪我や病気で入院したり、勤めている会社の都合で給料が少なくなったりと、**何かのきっかけがあって破綻することもあります**。そうなると自転車は前には進まなくなります。人は自転車が前に進まなくなると新しい方法で前に進ませようとします。その人の与信（金融業者がお金を貸す際にあらかじめ債務者の収入などを調査し合否を判断する基準）にもよりますが、それ以後も借金を重ねどんどんと深みにはまっていくのです。この時に自転車を降りようということはなぜかあまり考えません。それほど、自転車操業をしている時は、視野がとても狭くなっているのです。そして、借りるだけ借りて力尽き、あとには莫大な借金だけが残されるのです。

　では、私も登録された「多重債務者」とはどういったものなのでしょうか。

4　多重債務者とは何か

　多重債務者とは、一般的には「2件以上借金をしている人」のことを指します。しかし、実際はそれだけの意味で使われているわけではありません。実際には、多重債務者とは、「**複数の金融業者から借金をしていてオーバーローン状態の人**」を指します。すでに返済が滞っている方も、支払いができている方も関係なくオーバーローンであれば多重債務者と呼ばれます。

よく「きちんと支払っているのだから多重債務者ではない」と言う方がいますが、多くは自転車操業をしていたりしてとても正常に支払っている状態ではありません。また、生活に影響が出ている方も多く、節約というには限度を超えた切り詰め方をしている方もしばしばです。こうなるとたとえ今は支払えていても、いつか力尽きる時がきっと来ます。ですから将来的に支払いができなくなる可能性があればそれも多重債務者なのです。
　では、全国で多重債務者はどれだけいるのでしょうか。その数字を試算した統計がありますのでそれを以下に挙げます。

　　自己破産件数　15万件前後 注1
　　債務整理者数　200万人前後 注2
　　多重債務者数　350万人前後 注3
　　多重債務者予備軍の数　850万人前後 注4

　　　注1：最高裁による。2007年。司法統計検索システムより（http://www.courts.go.jp/）。
　　　注2：自己破産も含めた債務整理者予想数（日弁連による。2006年）。
　　　注3：4社以上の消費者金融に債務残高が残っている人数（政府発表による。2005年）。
　　　注4：債務残高が残っている人を除いた、消費者金融を現在利用している人数
　　　　　（消費者金融連絡会による。2005年）。

　多重債務者と予備軍の総数は1,200万人です。日本の人口が1億2,000万人少々ですから10人に1人は多重債務者か予備軍であると言えます。これはあくまで予想ですから実際の数字とは少し違いますがそれにしてもすごい人数です。つまり**悩んでいる人は自分だけではない！**ということがおわかりになったかと思います。日本は**借金列島**と言われる通り、国も、国民も借金に悩んでいるのが現状なのです。
　では、多重債務者はどのような理由で多額の借金を作ってしまったのでしょうか。図は2005年に自己破産者の破産理由を日本弁護士連合会（以下、日弁連）の消費者問題対策委員会が調べた統計です。

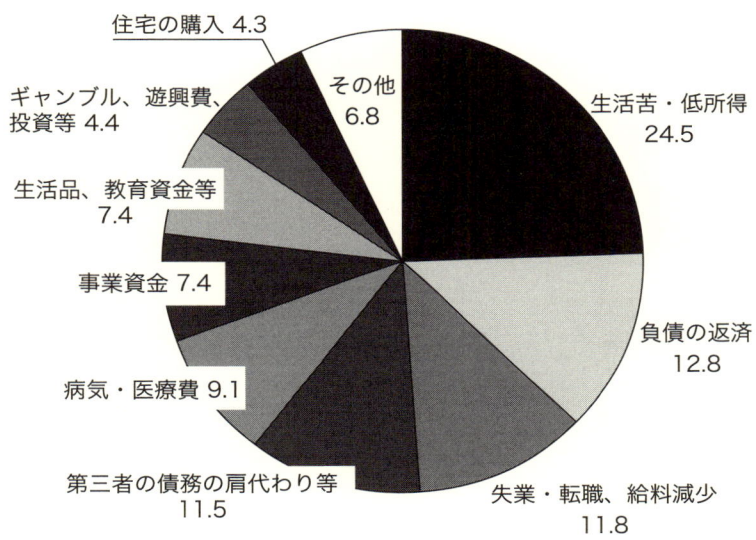

※日本弁護士連合会消費者問題対策委員会
『2005年破産事件及び個人再生事件記録調査』をもとに作成。

　多重債務者と言うと「遊び好き」「ギャンブル好き」「派手」「身勝手」「ルーズ」とイメージが先行します。私が過去に行った調査でもほぼ全員がそういうイメージを持っていました。しかし、実際はギャンブルや浪費を理由とした多重債務は、ほんの一部で、ほとんどが生活苦・病気・失業といった生活に直結している理由で多重債務に陥っているのです。
　冒頭でも書いた通り、最初は快適な生活のためやちょっとした出費で、何気なく借りたのが始まりなのです。ところが、その場その場を乗り切ると次第に借金のことを忘れていきます。そして少しずつ借金が膨らんでも気にならなくなり、何かの拍子にふと気がつけば生活苦になって自転車操業を繰り返し、返済日に怯え、先が見えないような生活をすることになるのです。つまり、これが多くの多重債務者の実態なので

す。多重債務者は、特別な人間ではなく**普通に生活している誰もがなりうる**のです。

そして、多重債務者になってしまうと、さらにつらいことがあります。それは、**誰にも相談できない**ということです。

もちろん多重債務者にならずとも、借金のことは気軽に相談しづらいものです。しかし、多重債務者になるとその気持ちはますます強くなり、**絶対に話せない**という気持ちになっていきます。私もそういった気持ちで毎日を過ごしていました。毎日、お金の計算をして、ちょっとした好きな物も買えず、友人の誘いにも行けずに、結果、私の周りには誰もいなくなってしまいました。支払日に怯え、電話に怯え、そんな毎日です。これはほとんどの多重債務者が持っている気持ちでしょう。「苦しい、つらい気持ちを誰かにわかってもらいたい」そう思って生活をしているのです。

5　債務整理とはどういうものか、多重債務の末期とは

さて、債務整理とはいったいどういうものなのでしょうか。人によっては、とても怖い方法と思ったり、「人生の墓場」だと思ったりしているようですが、本当のところはどうなのでしょうか。

債務整理とは、破産法などで保障された、国民のれっきとした権利です。別に恥じる必要はないのです。これを勘違いしている方が大勢います。特に、経営者や自分の力で今まで頑張ってこられた方は、そのプライドが邪魔をして多額の借金があっても債務整理をするのを拒む方も多いのです。しかし、それは、たいへんばからしいことだと私は思います。

確かに借りたものを返さないのは人間として失格と見られます。しかし、そのために追い詰められて自殺をしたり、失踪をしたり、あるいは

犯罪を行うことはどうでしょうか。そのほうが人間失格ではないのでしょうか。プライドが邪魔をすると言う方もおられますが、追い詰められて、なり振り構わず金策をしている姿は格好が良いと言えるでしょうか。親類や知り合いなどに頼み込んで無理にお金を作って迷惑をかけて、果たしてそれがあなたのプライドなのでしょうか。

　債務整理とは確かに借りたものを返さないことです。しかし、それは返せなくなった自分の責任を痛感した上で、自分の行動に責任を持って尻ぬぐいをすることであると私は考えます。そして明日の再起への手掛かりになると私は信じています。

　債務整理は万策尽きてするものと思っている方も多いでしょう。でもそれは間違いなのです。万策尽きてからでは、債務整理も明日への再起も遅いのです。

　多重債務は、わかりやすく言うと「がん」に侵された状態なのです。がんは早期発見・早期治療をすることで生命への危険や将来への不安を少なくすることができます。債務整理も同様に早期発見・早期治療が重要なのです。

　多重債務は放っておくと、どんどんその状態は悪化していきます。たとえ新たな借金をしていなくても借金癖や自転車操業への罪悪感の薄れなどさまざまな症状が表われてきます。借金が増えていくと経済的にも精神的にも追い詰められていきます。そして、自分ではどうすることもできないところまできてしまうと、自殺や犯罪などをしてしまうこともあるのです。

　私も自己破産者です。また、私たちのNPOの所員もすべて債務整理の経験者です。ですから、この多重債務の末期症状は全員が経験しています。迫る返済日、焦る気持ち……。無理とわかっていながら、新たな借金を申し込んでは断られ続けます。明日、もしかしたら今日は電話がかかって来る。それは言い表わせないほどの恐怖がこみ上げてきます。

多重債務者は末期になると、誰彼構わず借金をするようになります。それはとてもおかしなことですが、多重債務の真っ只中にいる間は、それにはまったく気が付きません。明日の返済日をどう乗り切るか、それだけを考えて生きていると言っても良いほどです。誰にお金を借りよう、誰に保証人になってもらおう、考えるのはそれだけです。本当に惨めな状態となっていきます。そして周りの信頼や信用を失い、大切なものを失い、お金も失い、何もなくなってしまうのです。残るのは返済日の恐怖だけです。

　ですから、債務整理は早めにしたほうが良いのです。早くしておけば、自己破産ではなくそれ以外のより簡単な方法で整理ができるかもしれませんし、手持ちのお金を少々残して整理できるかもしれません。重要なことは債務整理をするにもお金がかかる点（ただし、法律扶助制度などを利用すれば弁護士費用などの助成を国がしてくれます）、そして債務整理後の生活の安定です。

　特に、債務整理後の生活の安定は債務整理をする時期が早ければ早いほど楽になります。手持ちのお金が尽きてからでは遅いということになりかねませんから十分に考えて決断をすべきであると言えるでしょう。

6　これだけはやってはいけない！　素人考えの行動

　多重債務状態になってしまうと、返済日の恐怖から人は常軌を逸したいろいろな行動をしてしまいます。周りの「自称法律に詳しい」人間から**とんでもない指南を受けたり**してそれを実行してしまうケースも多数あります。

　よくあるのは、債務整理の方法を自分でこれがいいと勝手に決め付けてしまって、自分の財産を勝手に処分してしまったり、土地や建物などを親族などに転売したと見せかける偽装をすることです。特に土地・建

物や車などを持っている方に多い行動です。

　実際に、債務整理となるとさまざまな要素が絡み合うことがあるので、自分の希望どおりの方法が必ずしも適用できるということはありません。ですから、早合点をして後々の債務整理に支障がないようにすべきです。

　では、どのようなことをしてはいけないのでしょうか。以下に、まとめてみました。

- 債務整理前に土地や建物、車や株券・生命保険を売ったり解約すること
- 債務整理前に土地や建物、車や株券・生命保険の名義を他人に変更すること
- 預貯金など（99万円以上の現金）を引き出して持っていたり、他人の口座に預けたりすること
- 債務整理前に新たな借金をすること
- クレジットカードなどで商品を買い、それを転売したり、クレジットカードのショッピングの枠を使って現金化をする業者に依頼すること

「任意整理」や「特定調停」であれば、あまり問題はないのですが、「個人再生」や「自己破産」をするとなると（それぞれ第3章で説明します）、上記のようなことはしてはいけません。先にも書いたとおり自分で勝手に債務整理の方法を決めつけた上、上記のようなことをすると、後でとんでもない目にあったりします。気をつけましょう。

　特に、最後のクレジットカードを使った現金化については、一歩間違うと詐欺罪や窃盗罪が適用される犯罪行為です。クレジットカードのショッピング枠で、新幹線や飛行機のチケットを買ってチケットショッ

プに転売したりするのは昔からあります。また、ここ5、6年、ネット上でクレジットカードのショッピング枠を現金化する商売も多数見受けられますが、どれも明確な犯罪行為です。クレジットカードで買った商品には、その支払いが終わるまでクレジット会社側に所有権があります（これを所有権留保と言います）。ですから、勝手に第三者に転売をすることは「他人の物を勝手に売る行為」として犯罪になるのです。

　友人や周りの人間から、そういった指南を受けたりして実行する方が多くいますが、素人の考えだけで行動をするのはたいへん危険ですから、**絶対に止めて下さい！**

7　ブラックリストとは？

　「ブラックリスト」という言葉をよく耳にすると思いますが、これはどういったものなのでしょうか。

　実は、ブラックリストというリストが本当にある訳ではありません。ブラックリストとは、複数の信用情報機関で債務事故（債務整理をすること）・遅延や延滞などの情報が登録された状態です。日本の金融業者は、すべて何らかの信用情報機関と契約を結び、その個人の信用情報を調べることで融資をするかどうかを決めます（これを「与信」と言います）。信用情報には本人の氏名・年齢・住所・電話番号・本籍地・仕事場・給料日・今までのクレジットヒストリー（どこにどれだけ借りていて支払いはどれくらいであるかという過去の記録）等が書かれています。

　この信用情報に、債務事故・遅延や延滞の情報が書かれると、通常の金融業者は融資をしません。また、各信用情報機関のあいだで自主的に提携をしているので、たとえ1社に登録されただけでも、大手ならばすべての信用情報機関に情報が流れて登録されてしまいます。ですから、融資をしてもらうのが困難な状態になるのです。これがブラックリスト

に載った状態です。

　ただし、ブラックリストは永遠に登録されているわけではありません。登録には以下のような期限が設けられています。つまり、この期間は新たな借金ができなくなります。

　　・任意整理や特定調停などの情報は、3年から最長5年間
　　・個人再生や自己破産の情報は、5年から最長10年間

▷▷コラム：夜逃げは得か損か？

　毎日、相談を受けていると夜逃げをしている人からの相談を受けることがあります。その数は少ないのですが、2008年に入ってからすでに20人を超えています。正直、私は夜逃げをしている人たちは好きになれません。なぜならば、こういう人たちは自分の責任を自分で負えない人たちだからです。ですから、こちらの対応もちょっと冷たいものとなりがちです。それはこの人たちの再起への意欲を確かめる目的もあるのですが、やはり好きになれないからです。

　夜逃げは本当に有効な手段なのでしょうか？

　答えは「ノー」です。債務整理をしたところで人生を棒に振ることにはなりません。その逆で、再起のチャンスを得られます。しかし、夜逃げは人生そのものを棒に振ってしまうことになるのです。では、夜逃げをしたらどのような結果が待っているのでしょうか。

　夜逃げをすると公的な証明書（各免許証、住民票、保険証、パスポート）が得られなくなります。これで日常生活の9割ができなくなります。まずは住む所です。賃貸でアパートやマンションを借りようとしても証明書がなければ、ほとんどの業者は貸しません。ですから住み込みや下宿等をしなければならなくなります（最近ではとても高額なのですが、訳ありの方

向けに賃貸をしている業者もあります。証明書がなくても借りられますが保証料も含まれているので家賃は相場の２倍ほどになります）。

　次に職業です。まともな会社に就職する場合には通常、証明書の提示を求められます。登録制の派遣業者でもそれは変わりません。ですから働く所も制限をされます。ネットカフェ難民の温床となっている日雇い派遣業者やちょっと危ない所等でしか働けなくなります。それでは生活も安定しません。

　夜逃げをしている人は、たいてい結婚をした時や子どもができた時に、今後の生活に不安を抱き、元の生活に戻ろうとします。そこで、私のもとに相談に来るのですが、年月が経っている場合はとても困難です。それは住民票を移したとたんに督促がかかったり、すでに「債務名義確定の裁判」での敗訴が確定している場合は、数週間で現在の職場に差し押さえが来たりするからです。まずは、弁護士を立てて対策を考えてから動き出さないといきなりピンチになりかねないのです。その他、滞納している税金や国民健康保険料等も支払わなくてはなりませんから、とても大変な作業となってしまうのです。

**　夜逃げは決して楽ではありません！　債務整理をしたほうが数百倍楽なのです！　絶対に夜逃げは止めましょう!!**

第2章
タイプ別　多重債務の現状と対策

1　はじめに

　現代社会では、人々はいろいろな悩みを抱えています。私が、図書館で以前読んだ、アメリカにおける現代人のストレスに関する本（具体的な書名は思いだせないのですが）の中では、現代的な生活とはストレスと摩擦との境界で成立するものである、と書かれていました。ところが、そうしたストレスのもとで生ずる悩みは、プライドや羞恥心に阻まれて、なかなか相談できないものです。その本の中では、アメリカでは、周囲の人間に言えない悩みとは、夜の性生活と借金のこと、とされていました。アメリカの状況がそうであるならば、誰かに悩みを相談するということがより苦手な日本では借金のことを誰かに相談するなどは、もってのほかではないか、とその本を読みながら思ったのでした。そして今、数々の相談を受ける度にそれは真実であると実感しています。

　そこで、本章では、人には言いづらい借金の悩みというものを理解いただくために、私の経験とこれまでの相談の分析をもとに、借金の悩みとはどのようなものか、を紹介したいと思います。

　では、借金を背負った場合に、**どういったことで悩み始めるのでしょうか。**

　私は、いくつかのタイプに分けられると考えています。もちろん職

業、性別、年代、置かれている立場の違いがあるので、同じタイプに分けられる人でもまったく同様に考えることはできませんが、私は、実際に相談を受ける時は、その効果を上げるために必ずこのタイプ別に分けて相談を始めます。そのほうが早く答えを出せますし、また、他にも自分と同じタイプの人がいるということは、相談者にとっても共感できる部分が多くあり、自分の借金について理解が早くなるばかりでなく、「自分だけではない」と希望が持てる効果があります。

　そこで、さまざまな多重債務者の方たちの共通している部分に注目すると、大きく次のような5つのタイプに分けることができます。なお、それぞれのタイプの中で、さらにいくつかに分けられることもあります。

(1)　会社員、ワーキングプアの方
(2)　シングルマザー、主婦の方
(3)　事業主（自営業者、会社経営者）の方
(4)　病気を患っている方、高齢者、無職の方
(5)　投資家、ギャンブルや浪費癖のある方

　どれも地域・年代・性別は違っても日本でおかれている立場は、結局のところ似ているのでタイプごとによく似た悩みを抱えています。次項では、各タイプ別に、これまで受けた相談事例に多く見られる悩みや問題点、そして対処法（債務整理の方法）などを紹介していきます。
　なお、債務整理の詳しい説明は、第3章を見てください。

2　タイプ別　多重債務の現状と対策

(1)　会社員、ワーキングプアの方

　まず、会社員については、持ち家の有無によって異なります。

(a)　会社員・持ち家がない場合
［このタイプの特徴］
　最近、よく相談されるのは「賃金カット」です。特に、残業代、ボーナスの減額または、支給自体がない場合もめずらしくなってきています。また、会社組織の見直しや統廃合などで引越しや単身赴任を余儀なくされたり、勤めている会社自体は変わらないが、事実上、子会社に出向させられたため、今までの水準からすると大幅に賃金が減額されたり、減額されなくとも余分な自己経費がかかったり、とたいへん厳しいものとなっています。リストラや倒産で職を失うことはないものの、人員削減によって、自主的にサービス残業をしなければ納期に間に合わないというような会社も激増しています。働けど働けど楽にならない、そういった悲鳴のような相談が相次いでいます。
　また、建築業に従事している方は、「平成の大合併」による被害をもろに被っているのではないかと思います。これは近畿・四国圏内でしか調査していませんが、今まで複数の町村単位で発注や入札があった工事が、町村合併により一つの市としてまとめて発注・入札が来るようになり、競争力の弱い中小の建設会社は落札できず仕事がない状態であるという切実な問題が浮かび上がってきています。
　業種を問わず、人件費の削減はほぼすべての企業や会社で実施されていて、その現状は酷いものです。これは、ある方の実例です。その方は

日本でも有名な企業の技術者でした。役職も付き、年収は900万円を超えていました。多少の期間の単身赴任等はあったものの仕事も順調で念願のマイホームも買った直後、本社の経営が悪化します。無論、大企業ですから倒産やリストラは心配なかったものの複数の部門が子会社化され、独立採算制を取るようになりました。不幸にもこの方の部門も子会社化されることになってしまいました。厳しい予算に賃金カット、一気に年収は600万円になり、300万円以上も減額されてしまいました。本社に残って別の仕事を一から覚えるか、子会社に行って現在の仕事を続けるか、非常に迷った末、子会社に行くことを選んだということです。この方は年収が減ったといってもまだ高水準にありますが、本人にとっては過酷な事件でした。また、別のある方は事実上、管理職に昇進したものの残業代の支給がなくなり、年収が2割程度落ち、苦しい生活をする破目となったと言っています。このような事案は日常的に起きていて、現在、たいへん多くの方が悩んでいると言えると思います。

[借金の現状と対策]

　このタイプの方の多くは、その借金の構造が2つに分かれます。1つ目は、元からある借金です。冒頭でもお話したとおり、何かを買ったり、旅行をしたり、自分や家族のためにしたローンです。これは決して悪いことではありません。時には明日の仕事への励みにもなります。この種の借金はゆっくりと増えていく傾向がありますが、そのほとんどは無理がないものであることが多く、借金の支払いも、普通に仕事をしながらできるのであれば十分にやっていけます。

　しかし、「賃金カット」が実施されると生活は一変します。それが2つ目です。収入額が減っても、急に今までの生活レベルを変えられない方がほとんどです。そこで「足りない」と感じるとすぐに借金で穴埋めをする方が多くいます。これが呼び水となり、「すぐに返せるから」と生活費が足りなくなると借金を繰り返して徐々に多重債務になっていく

のです。

　安易な考えによるとは限りませんが、毎月の賃金が決まっているため、無駄な浪費や「皮算用」が多く見られるのも特徴です。多重債務にならないためには、家計簿をつけ、節約をし、「無駄な物は買わない」「無駄な出費はしない」ことが重要です。来月の給料やボーナスなどを当てにしない生活を心がけるのが重要です。それでも、借金が返済できない時は債務整理をすることをお勧めします。この場合は、それぞれの借り入れの状況にもよりますが「任意整理」「特定調停」「自己破産」のいずれかの方法が効果的ではないかと思います。

(b)　会社員・持ち家がある場合
［このタイプの特徴］
　持ち家のある方は注意が必要です。それはいわゆる「ゆとりローン」の落とし穴にはまっている場合が多いからです。ゆとりローンとは、1993（平成5）年から、当時の宮澤内閣のもとで「画期的な経済政策」として導入されました。しかし、この制度は現在「和製サブプライム・ローン」として問題視されています。

　このゆとりローンの仕組みは次のとおりです。ゆとりローンの金利は2段階、支払方法は3段階になっています。まずは、購入当初の低金利の「ゆとり返済」、そして6年目以降の低金利での支払い、最後は11年目以降の通常金利での支払いです。通常金利は4.0％程度ですが、購入当初の低金利は2.0～2.5％です。購入当初は、「ゆとり返済」期間であるために、75年ローンの支払額が適用されます。つまり、かなり低く月々の支払額が抑えられているのです。6年目以降の低金利は、同じ低金利で35年分割です。つまり購入から2段階に金利が跳ね上がる「ステップアップ金利制」なのです。

　このゆとりローンの問題はここにあります。なぜならば通常金利と言

固定金利とゆとりローンの返済金の違い

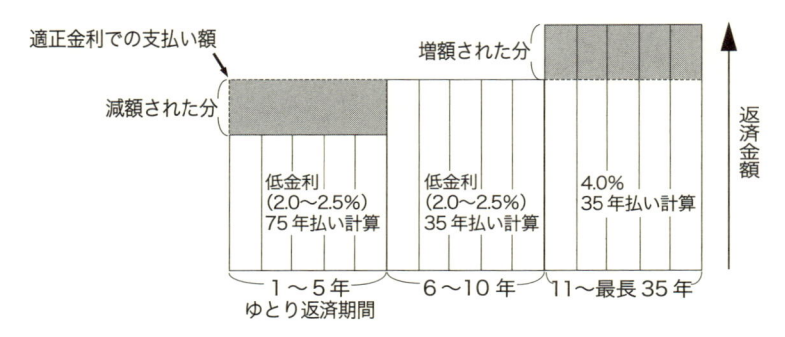

	適正金利での支払い額	増額された分	
減額された分			返済金額
	低金利 (2.0〜2.5%) 75年払い計算	低金利 (2.0〜2.5%) 35年払い計算	4.0% 35年払い計算

1〜5年　　　　　6〜10年　　　11〜最長35年
ゆとり返済期間

　われる4.0％が実は「適正金利」であり、結局この4.0％で支払わない**と元金は減りにくい**システムなのです。ですからこの通常金利での支払いが始まる11年目以前、特に購入当初の「ゆとり返済」期間中はただ利息のみを支払っている状態となります。ですから、いざ通常金利が始まると残りの年月で元金を全て支払わなくてはならないため、月々の返済金はとても高額になります。

　例えば、2,500万円の家をこのゆとりローンで購入した場合は、購入当初は月々約5万5千円程度の支払いで大丈夫です。ですから、ほとんどの方は今、住んでいる賃貸物件よりも安い印象があり購入してしまうのです。無論、購入を勧める側もこのことを強調します。しかし、6年目以降になると支払いは月々約7万円程度、通常金利での支払いが始まる11年目以降では10万円近くまで支払い金額は増加するのです。実に、支払い開始時と比較して、2倍近くもの支払い金額になってしまうのです。

　この制度は重大な問題があるとして2000（平成12）年4月に廃止されていますが、同年頃からこの制度を利用して家を買った方の自己破産が急増しています。また、現在でも、一部の銀行などの金融機関で、引き続きこの種のローン商品を販売しており、依然問題の根本的な解決に

は至っていません。

　ゆとりローンやその類似商品を使わずにマイホームを購入している方にも同様の問題があります。ゆとりローンのようなことはありませんが、ほとんどの金融機関の住宅ローン商品はステップアップ金利を導入しています。最近でこそ、低金利での均等払いの商品が出てきましたが、その割合は少なく、ゆとりローン同様にステップアップ金利に悩んでいる方は全国でかなりの数がいます。

［借金の現状と対策］

　このタイプの方は、まずは家の売買契約書をよく読んで、将来の自分の支払うべき金利も含めた月々の支払額をしっかりと把握することが大切です。驚くべきことなのですが、私たちの相談でこの支払額を把握していた方は、ごく一部であり、ステップアップの時期に通知が来てはじめて、支払額を知ったという方がほとんどです。ですから、「自分は大丈夫」と思って、今の賃金レベルでローン等で買い物を多くしていると、そのローンが払い終わらないうちに家の金利が上がり、首が回らない状態になるのです。

　そこで、ステップアップの時期を知り、それまでに家のローン以外の借金やローンを返済しておく必要があります。これはとても大切なことです。しかし、どうしても無理な場合は子どもの年齢が若いうちに早めに債務整理を行うことが得策です。もっともお金がかかる時期、つまり子どもが高校から大学に進学する頃に間に合うようにするのです。

　このタイプの方の場合は「家を残したい」と言う方が多く、その場合はローン返済中の家を残せる特約のある「個人再生」や家以外のローン等を減額する「任意整理」「特定調停」などがお勧めです。

(c)　ワーキングプアの方の場合

［このタイプの特徴］

現在、ワーキングプアと言うと「働けるホームレス」という印象が定着しています。しかし、これは大企業が実態を知られたくないためにマスコミを使って広めたイメージであると言われています。確かに、24時間利用できる漫画喫茶やインターネットカフェに住んでいる労働者も多くいます。こうした労働者の数は2万人程度と言われています。しかし、ワーキングプアと分類される年収200万円以下の労働者は1,000万人を突破しました（国税庁「民間給与実態調査」〔平成18年度確定版〕より）。大部分が一般の企業に勤めているにもかかわらず、正社員にもなれず非正規に雇用されている方々なのです。

　しかし、マスコミによる報道の問題もあり、自分自身が本当にワーキングプアであることを認識している方はごく一部に過ぎません。ですから普通よりも「自分自身の努力が足りない」とか「仕事を掛け持ちできないのが悪い」といったように自分を責めて我慢しているケースが多く見受けられます。無論、収入が低い分、借金をする機会も多くあると言えます。たとえ100万円程度の借金でも、このタイプの方の場合はその生活に重くのしかかります。

　もともとは正社員で働いていた方も、会社の倒産やリストラなどで職を追われたり、病気をしてその後の再就職が正社員では困難で非正規雇用者になっている方も大勢います。非常に優れた技術や知識を持っていても、自分の努力ではどうすることもできない方が多いのです。

［借金の現状と対策］

　このタイプには、借金は比較的少額の方が多く見られます。しかし、生活苦のため、長期に渡って借り続けていたり、すでに自転車操業を繰り返している方も見られます。ほとんどの方は預貯金ができず、今は平穏に暮らしていても将来、何かあった場合の不安は常に持っているでしょう。常に綱渡りの状態の方が多いのも特徴です。

　まずは、自分自身の生活を振り返ってみることが大切です。生活費だ

けでなく国民健康保険などの公的保険や生命保険、住民税などの税金、子どもの学費などが確保できているかどうか、がポイントとなります。公的保険は病気などをした際に絶対に必要となりますし、税金の滞納は最悪の場合、口座が凍結されてしまいます。これらが確保できてない場合は、まずは自分の住んでいる地域での公的支援が受けられるかどうかを調べてみてください。税金や公的保険も滞納している場合は、分割払いや一部免除という方法も、場合によってはとってもらえることもありますし、生活資金を貸し付けてくれる制度もあります。学費なども支援してくれる制度もあります。まずは問い合わせてみることをお勧めします。

　それと平行してどうしても生活が圧迫されるのであれば、早いうちに債務整理を決断してください。たとえ数十万円の借金しかなくてもこれからの生活で返していくことが困難であるならば、無理は禁物です。少しでもお金のあるうちに債務整理をしておけばその後の生活も楽に進められます。

　長期に渡り、消費者金融などで借金を繰り返しているならば、「任意整理」や「特定調停」がお勧めです。たとえ借りている期間が短くても、金利の引き下げなどが期待できますから諦めずに実行することが重要でしょう。

⑵　シングルマザー、主婦の方
[このタイプの特徴]
　シングルマザーや主婦などは大抵の場合は、社会的に弱い存在であることが多く、特に女手一つで子どもを育てているシングルマザーは、大変な苦労を強いられます。子どもが小さい場合は長時間働くこともままならないために、経済的にも不安定でしょう。それに借金を抱えていると目も当てられない事態となります。

シングルマザーの中でも時間的に制約があり、正社員として働くことができずに、アルバイトやパートを掛け持ちして暮らしている方も多くいます。しかし、精神的にも肉体的にも休まる時間がなく体調を崩して病気になるケースも多く、問題となっています。

　また、主婦の方については、夫の稼ぎが減ったりして、やり繰りが苦しくなって借金に手を出してしまうケースが急増中です。そして、そのことを夫には話せずに、自分1人だけの責任として抱えている方が目立ちます。そして、そのストレスから精神的な病気となったり、アルコール依存やギャンブル依存など各種の依存症となるケースもあるのです。

［借金の現状と対策］

　まずシングルマザーの方は、自分の住んでいる自治体の補助金などをすべて調べて、利用できるものや申請できるものがあれば、すべて申し込んでおく必要があります。このことはあまり知られておらず、中には児童扶養手当てしかもらっていないという方も多くいます。しかし、自治体によっては母子家庭に対して手厚く補助金を支給したり、便利に利用できる制度があったりするのです。これは自治体だけではなくその都道府県の任意団体や福祉・ボランティア団体が主催している場合もあります。是非、調べて徹底的に利用することが先決でしょう。

　主婦の方は、まずは自分の家計をもう一度見直すことが大切です。本当に支出を削れる部分はないか調べてみるのです。多くの家庭では無駄な支出があります。それをなくしていくことで実は借金をせずに済んだり、借金を返していける糸口となっていたりするのです。

　もう1つ重要なことは家族の協力です。これはとても大切なことです。往々にして、夫は自分が稼いだ給料に、けちをつけられることを嫌います。しかし、それで生活ができなければ、正直に打ち明けるしかありません。そして、家族で協力してこの問題を乗り越えることが大切なのです。家族に黙って借金を重ねていっても絶対にうまくはいきませ

ん。それどころか、借金が発覚したらたいへんな事態となるのは明らかです。

　いずれの場合にも、上記のようなやるだけのことはやったけれど、それでも無理な場合は、早く債務整理をすることが重要でしょう。シングルマザーの場合は、子どもの年齢が若ければ若いほど効果があります。ブラックリストに載る期間が一番長い自己破産でも10年間ですから、子どもの学費が一番かかる高校・大学への進学前にブラックリストから脱出できるほうが、将来に期待が持てます。主婦の場合でも自分が債務整理をしても夫や、子どもにはその法的効果はありません。ですから、借金に借金を重ねる前にできるだけ早く債務整理をすることが大切でしょう。

　このタイプについても、さまざまなパターンがありますから借金額に応じて債務整理の方法を考えていくべきでしょう。さしあたりは「任意整理」「自己破産」の2つがよく利用されます。

(3)　事業主（自営業者、会社経営者）の方
［このタイプの特徴］

　株式会社から個人商店まで規模の大小はあるとしても、その事業主の方はたいへんな苦労をされていると思います。しかし、現状は政治不信や金融ショック、原油高騰から偽装問題までさまざまな社会問題があり、景気の上昇は見込めなくなっています。長引く不況で体力的にも弱ってきている会社も多くあります。

　実は今年に入ってから、私たちのもとにくる相談のうち、事業主の方が急激に増加しています。そしてその内情はとても悲惨としか言いようがないケースが多いのです。特に多いのが、建築業関係の方です。次いで飲食業、運送・配送業の方です。どの事業主の方もたいへんな苦労をされて経営していましたが、とても努力が追いつかずに悩みきっての相

談ばかりでした。

　相談される事業主の方々にはある特徴があります。それはほとんどの方が経済的に末期の状態で相談にくることです。自分や家族の財産を会社の経営資金に充て、さらに知人・友人、場合によっては社員も連帯保証人などにしてしまって、どうしようもならなくなってから相談にくるのです。たいていは、一代で財を築いた方が多く、責任感があり最後までその責任を果たそうとしている方々である点も特徴と言えるでしょう。

　しかし、この末期状態まで我慢をするのはとても危険なことです。相談にくる事業主の方々は、ほとんどの方が会社の潰し方をわかっていません。このことは、当たり前と言えば当たり前のことなのですが、重大なことです。どの方も会社を立ち上げる方法や経営術に関しては、博学で法律も含めてよく勉強されている方が多いのですが、会社を潰す方法は噂や「聞いたことがある」程度のことしか知らないのです。ですから、末期状態であっても自己破産すれば助かると思っていますし、少々無茶をしても大丈夫と思っているのです。

　ところが、そもそもそこが間違いなのです。実は、自己破産や倒産にも相当のお金がかかるのをご存知でしょうか。自己破産というと、何かタダ同然でできるというイメージが、なぜか世間に浸透しています。では、どれくらいのお金が自己破産にかかるのでしょうか。

　実は、自己破産には個人で財産を持っている場合は、最低50万円、法人では財産の有無にもよりますが、最低100万円からかかります。利益や規模が大きい法人はその資力に応じてどれだけのお金が必要かを裁判所が決めます。それに弁護士費用です。これも30万円以上はかかるでしょう、数百万円も取られたという話もよく聞きます。

　このタイプの方々からよく相談される内容は、事業の存続と財産の確保の方法です。確かに、今まで死に物狂いで築きあげてきた会社や財産

ですから無理はありません。そして、それらをどうにかして残したい気持ちもよくわかります。

しかし、事業の存続はとてもたいへんなことです。多くの方は「不況」を言い訳にしていますが、相談される事業主の方の内情を聞いてみるとやはり経理に疎く、いわゆる「丼勘定」の方が多いのが印象です。こういった方は勉強不足の感が否めません。ですから、倒産前になると死に物狂いであがくのです。そして財産という財産をすべて会社に費やし、周りの人間すべてに迷惑をかけるのです。会社の存続で一番重要なポイントは、いかに過去の自分と決別して、新しく生まれ変われるかです。いつまでも不況のせいにして、自分の責任を認めないようではとうてい経営など無理なのです。

また、財産についても、これから倒産の危険があるのに財産の名義を変えたり、売却したりするのは注意が必要です。破産法ではすでに破産状態での財産の処分や譲渡を禁止しています。相談者のうち、事業主の４割もの方が何らかの財産の処分や譲渡をしていると答えられていましたが、これはたいへん危険な行為であります。もし、そのまま倒産してもそのことがネックになり倒産や自己破産ができないこともありうるのです。

まずは、正しい知識を得ることが、企業のトップとしての責任ではないかと思います。

[借金の現状と対策]

このタイプの方の借金はとても高額で、複数の債権者を抱えていることが特徴です。まず、注意する点は、自分の会社がどのような状態になっているかを知ることです。借金の支払いが問題として浮上している会社は、ほとんどがオーバーローン状態です。

しかし、多額の借金ができるというのは、逆を言えばそれだけの資力があるのです。上記でほとんどの事業主は勉強不足と書きました。それ

は自分の会社の置かれている立場や経営に関する経理がわかっていないことに繋がります。ですから、借金で苦しむ前に自分自身や会社の中で節約できる部分、切り捨てられる部分をすぐに検討しておくべきです。そして、徹底的なコスト削減などをして無駄をなくすことが重要です。自分の生活態度や会社内部の改善にまったく着手せずに、ただ金策に走り回るだけでは何の解決にもなりません。事業主は、常に会社のお金の流れを誰よりも詳しく把握しておかなければなりません。

　実際、過去に２つの会社が私のアドバイスにより徹底的な経費の見直しをしました。最初は嫌がっていた事業主も背に腹はかえられずやってみたのですが、その結果は目を見張るものがありました。どれも個人経営の会社でしたが、半年で数十万円の経費が浮きました。今まで、会社の慣行や惰性で運営されてきた証です。倒産していく会社はどれもルーズな経営をしているところが多いのです。これをいかに早い段階で見直しができるかが再建の鍵となってくるでしょう。

　また、倒産する前に打てる手もあります。これは売り上げが、相当見込める会社であったり、今まで健全に経営してきたけれども、取引会社の倒産などで横波を被った場合に有効です。その方法とは「民事再生法」と「会社更生法」の適用です。この法律は債権者に債権放棄を迫り、借金を圧縮し会社を存続させる代わりに徹底的な経費の削減と経営の見直しをするものです。それはとても大きな努力が必要ですが、会社を倒産させることなく継続できる可能性が高まるのです。

　そして、もし経営的にも資金的にも限界がきたならば、あがかずに、手持ちのお金がある早いうちに倒産をさせるべきです。そのほうが再生も早くなります。一度失敗をしても次があるのですから、あがいて周囲の人間の信頼を裏切るよりは、速やかに責任を取って再起に賭けて下さい。

　なお、この場合には、金額が大きいので会社と事業主、連帯保証人な

どすべてが「自己破産」を選択すべきでしょう。

(4) 病気を患っている方、高齢者、無職の方
［このタイプの特徴］
　病気の方や高齢者、中高年の就職難による借金の問題は、最近特に増えてきた相談事例です。ここ2年ほど前からですが、病気の方の相談はひっきりなしに私のもとへ飛び込んできます。病気といってもさまざまですが、特に多いのは精神・神経疾患で、なかでも「うつ病」については深刻な事例も多数あります。うつ病といえば、世の中のイメージは悪く「現実逃避病」「精神がたるんでいる」「怠け者病」と揶揄されることがあります。しかし、本当は責任感のある真面目な方こそなりやすい病気であり、自分自身ではどうすることもできない状態で生活をしなればならないため、たいへんな苦労を強いられます。

　うつ病は、エリート社員や真面目で子煩悩な主婦など、まったく私生活に問題がない方がある日突然かかることで、その生活や人生が狂ってしまうことが多くあります。うつ状態になると睡眠障害や情緒不安定などさまざまな症状が出て、自殺などを考えたり、試みたりということもあります。原因は、ストレスや生活環境の変化・心配事の悩みなどであり、その中でも借金のことが大きな原因となる方が多いのです。借金が原因で病気にかかったり、病気が原因で借金が増えたりしている方は、体のことを考えて少なくとも債務整理を実行し、それから病気の治療をしていくのがベストです。

　一方、高齢者、特に年金生活をされている方の相談も多くなっています。金額としては少ないのですが、とても長い期間借金をしている方が多く、体調の不良による医療費の増額などをきっかけに借金の返済の負担が大きくなり困っている方が増えています。これもすぐに債務整理をする必要があると言えます。年金生活をされている方は、生活費に制限

があるのですから、今後の生活への影響をできるだけ少なくすることが先決です。

　中高年の方の就職難も深刻な悩みとなっています。現在、ハローワークでは中高年の方の再雇用を各企業に積極的に指導しているのですが、その就職率はとても低く、私の住む四国四県だけで見ても希望者に対して就職率は10％（四国四県のハローワーク調べによる2007〔平成19〕年度の値）にも満たないのが現状です。たとえ仕事があってもほとんどが非正規雇用での就職であり、生活が安定しているとは言えません。現状、借金を抱えている方はその分、生活への負担が増えるわけですから、借金を整理して就職活動などを展開することが必要でしょう。

［借金の現状と対策］

　このタイプの方々は他のタイプの方と違い、すぐにでも債務整理をすべきではないか、と思われます。たとえ借金の額が数十万円でも、家計が深刻な危機を迎えるのは必至だからです。事情はそれぞれあれど、債務整理をしなければ今後の生活にとても大きく影響してくるでしょう。

　生活が苦しいならば高利の借金を整理して生活保護や各都道府県の低利の福祉貸付金などを利用して生活をするということもできます。生活に行きづまると、最悪の結果、自殺や失踪などの原因となり、周囲にも大変な迷惑をかけます。その前に自分の責任で前に進めるように努力しなければなりません。

　なお、少額や長期の借金を整理するならば「任意整理」「特定調停」が勧められます。

(5)　投資家、ギャンブルや浪費癖のある方

［このタイプの特徴］

　このタイプは、債務整理がすぐにでも必要と思われる方がきわめて多くいます。それはこのタイプの借金は、雪ダルマ式に増えていく傾向が

あり、短期間で莫大な額となってしまう場合が多いためです。

　株式や先物・利殖などの商取引は非常に大きな利益を生みます。それは企業の資金として重要な役割を担い、ひいてはこの社会を作っていると言えます。しかし、いたずらな投資は時としてその方の人生までも狂わせてしまいます。私のもとには、最近の株価の低迷によって人生が狂ってしまった方からの相談が多くあります。投資をしている方は、本当に勉強家で多くが堅実に取引を行っています。しかし、何ごとも予想どおりに運ぶことはないのです。投資もギャンブルと思わなければなりません。

　私が驚くのは、投資のプロから自己破産の相談があることです。今まで5名ほどの方から相談を受けましたが、どの方もとても有名な日本を代表する証券会社出身で、資産も多く、投資顧問として活躍している方々です。プロの方でも予想できないことがある、では素人であればもっとリスクも多くなるのは明らかです。相談されたプロの方からも、投資は「決して無理をしないこと、自分の資産の中で運用すること」というアドバイスを受けた次第です。

　一方、ギャンブルや浪費はなかなか止められません、そして借金の額も多額になります。周りに迷惑をかけるだけかけて気が付けば孤独な人生を送る方も少なくはありません。主婦の方が子どもの給食費までもギャンブルに使ってしまうというような悲惨なケースもありました。

　ギャンブルや浪費はすでに依存症になっているケースがあります。特に主婦の方から、この種の相談が多いのですが、「ギャンブルを止められない」「自分で気持ちを抑えられない」方は一度神経科または心療内科などを受診してみることをお勧めします。

［借金の現状と対策］

　このタイプは、両方ともすぐにギャンブルや浪費の行動をストップし、これ以上の被害の拡大を抑えることが重要です。投資をしている方

の場合は、先物や利殖・信用貸しによる株取引は停止すべきです。そうしなければ、借金の額が多くなればなるほど債務整理が難しくなるのです。

　債務整理でもこのタイプの方は借金額も多く、また、借りている期間も短いことが多いため、とることができる方法が限られてきます。多くは自己破産を選ぶことになりますが、ギャンブルや浪費で作った借金は自己破産できない可能性が高いのです。そして実は投資もギャンブルと同様と見なされるのです。ですからこれ以上の被害の拡大は自分で自分の首を絞める結果となってしまいます。

　ただし、自己破産できないといっても、本人の反省や弁護士などの介入によっては、ほとんど認められますから、あきらめずに申し立てることが大切です。また、自己破産ができない事例でも個人再生等を使って債務整理は可能ですから、まずは法律専門家へ相談をしてみてください。

第3章

債務整理の方法

1 効果的な債務整理

　効果的な債務整理といっても、はじめて聞かれる方も多いと思います。この章ではどのような債務整理の方法があり、それぞれどんなメリット・デメリットがあるのかを紹介します。債務整理は、多くの方にとって、人生で最大とも言えるたいへんな出来事です。ですから、多くを知るということはあなたの人生を守ることにつながると思います。しっかりと理解していただいて、債務整理の正しい知識を身につけてください。

　さて、債務整理と言っても、その種類も効果もまちまちです。間違った使い方をしたり、知識がないために不十分で終わったりすると、その後の人生においてたいへんなことになります。また、弁護士などの法律家に任せてあるとしても、自分自身のことですからやっていることをよく理解した上で任せないと、これも後々のトラブルの原因ともなります。特に、多くの法律家は説明をすることが、かならずしも上手ではありません。わざと上手に説明をしないということではなく、それが法律家の特徴みたいなものなのです。私の経験上、自分がわかっている事柄を噛み砕いて説明をしているという法律家は、少数派であると言えます。現に私たちが受けている相談事例の中でも、およそ4割の方が法律家に依頼しているが、詳しい説明が知りたいという方です。

自分の人生です。人任せにはしないでください。本書に書いてあることは、少なくとも頭に入れておく必要があります。債務整理にまつわる**ウソ・デマ**は**無知**から来るものです。まったく情報を知らないのと知っているのとでは、そうした噂を聞いた時に不安になったりするかしないかで差が出ます。また、債務整理後に近寄ってくる**悪徳業者・詐欺師**なども、知識があることで被害に遭う確率がぐんと低くなると言えます。

　では、債務整理の方法とはどういうものがあるのでしょうか。実は、任意整理、特定調停、自己破産、個人再生の４種類しかありません。以下では、それぞれどのようなものかを詳しく説明していきたいと思います。

　なお、この本は、わかりやすく借金や債務整理について紹介していますが、やはり必要な時には債務整理に強い専門家である**法律家に相談すること**が必要になります。決して素人考えのみで動かないようにしてください。また、**すべての法律家が債務整理の専門家ではありません**から、後述しますが、より適切な法律家を選んでいただく必要があるでしょう。

2　任意整理

(1)　任意整理でできること

　この方法は、「利息制限法」と「出資法」によって、貸金業者が取りすぎている違法な金利を適法金利まで下げたり、その差額分を計算して元金から差し引いたりする方法です。この方法については、新聞や雑誌、噂などで見たり、聞いたりした方もいるのではないでしょうか。任意整理は、債務整理の方法の４種類中、比較的やりやすい方法です。

　任意整理では、「引き戻し計算」を使って、交渉により、現在の金利を適法金利や自分の支払える額まで下げたり、返済期間を延長して１回

の支払額を抑えたりすることが可能です。違法な金利で**元金よりも**業者が取りすぎている場合は、「過払い請求」（不当利得返還請求）を簡易裁判所に申し立てることで、取りすぎていた分が戻ってきたりもします。また、使用回数など利用条件が定められていないので、過去に自己破産等をしていたり、自己破産や個人再生が何らかの理由でできない方でも利用できます。ただし、現在無収入の方（専業主婦等は除く）で、過払い金で債務が相殺できない方には不向きです。

任意整理は、次のような方に向いています。

・5年以上に渡って適法金利以上で借りている方
・借入額が少額な方（目安としては250万円以下の方）
・過去に自己破産や個人再生をしている方
・自己破産や個人再生が利用できない方
・特定の債務だけ整理したい方

(2) 任意整理の手順

［あなたの金利はいくら？］

この任意整理の根拠となる「利息制限法」に触れておきましょう。利息制限法は、日本で営むすべての貸金業者が守らなければならない法定利息を定めている法律です。しかし、今まで法定利息以上の金利を取っても何の罰則もなかったため、貸金業者の良いようにされてきました。こちらが何も言わなければ、まるで適法金利であるとして、貸金業者に違法な金利分を取られていたのです。適法金利とは以下のとおりです。

　　　債務額が10万円以下の場合は、年利20.0％以下
　　　債務額が10万円超〜100万円以下の場合は、年利18.0％以下
　　　債務額が100万円超は、年利15.0％以下
（出資法により、上限年利は29.2％以上は取れないことになっている）

これらの適法金利と、あなたが借りている金利とを比較してみてくだ

さい。これ以上の金利で借りているならばその借金はもしかして減らせたり、なくしたりできるかもしれません。

[引き戻し計算]

次に、自分の借りている借金の金利が適法かどうか、わかったところで任意整理で使われる「引き戻し計算法」をご紹介しましょう。

まずは、第1章でご紹介した表を使います。もしなければ、借金の契約書等をご用意ください。できるだけ内容が詳しく書かれた書類でないとハッキリとした効果が得られません。

① まずは、自分の借りている借金の年数と限度額（その契約で借りている契約時の債務額）と金利を詳しく書き出す。
② 次に自分の借りている金利と適法金利の差を計算する。
③ ②で計算した金利差を限度額に掛ける。
④ ③で計算した額と年数を掛ける。
⑤ その額が払いすぎている額です。

これを計算式にすると以下のようになります。

{限度額×（現在の金利－適法金利）}×年数＝払いすぎている金利の額

わかりにくいかもしれませんので、具体例を使ってご説明します。

Aさんの場合：

Aさんは現在、30万円の借金があります。もともとは100万円を28.0%で5年間借りていました。100万円の適法金利は18.0%です。

ですから上記の②の計算をすると、

現在の金利28.0%－適法金利18.0%＝年10%の払いすぎ

となります。

つまり、年間に10%もの額の金利を業者に多く支払いすぎていたのです。次に、その額を計算するために、上記の③の計算をします。

限度額100万円×払いすぎていた金利10%＝年10万円の払いすぎ

年間10万円ものお金が払いすぎていたことになりますね。では、A

さんが返済していた年数を掛けてみましょう（④の計算）。

払いすぎていた額10万円×支払っていた年数5年
＝支払いすぎていた総額50万円

　なんと50万円ものお金をAさんは支払いすぎていたのです！　これはかなりの額ですね。コツコツと毎月遅れもせずに返していたのが馬鹿らしくなりますね。無論、このお金は元金に充当されるはずなのですが、貸金業者は**自分の営業利益**としているのです。このお金は何も言わなければそのまま業者に取られてしまいます。ですから、その点を交渉するのが**任意整理**なのです。

　Aさんは、過払い請求（不当利得返還請求）を利用し、自分の現在の債務額30万円から払いすぎていた50万円を差し引いて20万円が手元に返金されました。任意整理とはこのようなことをするのです。

(3)　任意整理のメリットとデメリット
［メリット］
　　　　・引き戻し計算での元金のカットや過払い請求でお金が返ってくることもある。
　　　　・交渉次第では金利を下げることや金利をゼロにすることも可能。
　　　　・返済期間を延長し1回の支払額を下げられることも可能。
　　　　・自己破産や個人再生などが利用できない方も利用できる。
　　　　・特定の債務だけ整理が可能。

　この任意整理のメリットは、その守備範囲の広さにあります。引き戻し計算での元金のカットや過払い請求だけでなく、法定金利よりも高い貸し付けはもとより、適法金利内の貸し付けも交渉次第では金利を下げたりすることも可能です。また、支払い回数を再計算することもできるため、交渉で合意した元金の返済期間を3年程度（場合により5年程度まで）に延長することもできます。

法的な制約もないので、自己破産をした後や何らかの理由で自己破産や個人再生ができない方でもすることができます。また、件数なども関係がないので特定の債務だけ整理が可能です。例えば、車のローンがあり、それを整理すると車を引き上げられるのでそれ以外の債務を整理したいという場合などに便利です。つまり、債権者との交渉次第では自分に有利に整理することができるのです。

［デメリット］
- あくまで任意での交渉なので、交渉が決裂したり効果が薄かったりする時もある。
- 素人では交渉は難航するので法律家に依頼する必要がある（つまり、コストがかかる）。
- 交渉が長期間に渡り、長引く場合がある。
- 最低でも数年間の返済歴がないと効果が薄い。
- 債務整理なので交渉の可否にかかわらずブラックリストに載ってしまう。
- 過払い請求で借金が相殺できない場合は、無収入では難しい。

　任意整理はとても自由が効く方法ですが、他の債務整理の方法と比べてデメリットが多いのも事実です。それはこの任意整理が法律を盾にしているとはいえ「単なる交渉」であるということによります。ですから、交渉次第では決裂し何の効果も期待できない結果になってしまう危険があるのです。

　また、この交渉は、素人ではまずできません。多くの貸金業者側はこういったトラブルの担当者がいます。つまりベテランの担当者をも打ち負かすような交渉術と法律の知識がなければ業者側の良いようになってしまうからです。ですから、この任意整理をするのには法律家、特に日頃から債務整理を経験している方に依頼する必要があります。とは言え、法律家に依頼しても必ず成功するという保証はないことを覚えてお

いてください。また、交渉期間もまちまちです。数週間で結果が出る場合もあれば、最終決着まで2年近くかかる場合もあります。貸金業者側も自分の利益が減るのですから必死に対抗してくることがあるのです。最終的に裁判になるケースも珍しくはありません。

　この任意整理は、主に払いすぎた金利分のお金を使って元金の減額等を貸金業者に迫っていくものですから、今まできちんと支払っていて、最低数年間は取引きがあるということでないと効果が薄い場合があります。私の経験上、5年間程度は貸金業者との間で取引きがないとやはり効果が期待できません。しかし、それ以外でもメリットはありますから、苦しい時は躊躇せずに申し立てることが重要です。

　最後に、やはり債務整理ですからブラックリストに載ってしまいます。これは任意整理の効果の有無にかかわらず、申し立てた時に複数の信用情報機関に登録されてしまいます。この期間は自己破産や個人再生よりも短く3年から最長5年です。ですから、借金を気にしながら生活をするよりも、任意整理をして生活を切り替えていくことが重要なのではないでしょうか。ただし、過払い請求等で借金が相殺できない場合は、返済する必要があるので無収入では交渉自体が成り立たないため難しくなります。

⑷　任意整理にかかる費用
　特に費用はかかりませんが、法律家に依頼するのであれば、弁護士では平均1件につき2万円〜5万円＋成功報酬(取り戻した額の数％程度)、司法書士ならば平均1件に付き1万円〜3万円＋成功報酬がよくある価格帯です。

⑸　任意整理の実例〜実際の相談事例から〜
［ケース1（成功例）］

Aさんは相談当時65歳でした。自営業をしているAさんは店の売り上げと年金で生活をしています。しかし、不景気のあおりで客足は遠退き、とうとう店を閉めることとなってしまいました。でもAさんには消費者金融から約100万円の借金があり、この支払いが年金だけでは困難となっていたのでした。Aさん自身は、自己破産をする覚悟で相談に来ましたが、自己破産の条件を充たしていないため無理でした。しかし、Aさんは年利29.0％で15年間借り続けていたので、かわりに任意整理を勧めました。すぐに弁護士に依頼し整理が始まりました。

　Aさんが借りていた消費者金融は少々抵抗しましたが、弁護士の粘り強い対応と過払い請求（不当利得返還請求）の裁判の結果、わずか半年で約50万円ものお金を取り戻すことができたのでした。

［ケース２（成功例）］

　Bさんは、相談当時40代のサラリーマンでした。150万円の借金が消費者金融にありましたが、それまでは順調に返していました。しかし、勤めていた会社が突然倒産し、経済面の不安から妻ともイザコザが絶えず、ついに離婚してしまいました。何とか再就職はしたものの、賃金も前とは比べ物にならないほど減ってしまい、子どもの養育費を支払いながら借金の返済はとてもできません。私は、彼に対してすぐに弁護士に任意整理の依頼をするよう勧め、Bさんは行動を起こしました。

　Bさんは150万円を年利23.0％で7年間借りていましたから、引き戻し計算を行い、元金を半額以下の約70万円にすることができました。しかも、金利の引き下げと残った元金の支払いは、3年間の分割にすることができました。月に6万円程度支払っていた借金は、月に2万円程度となりBさんは何とか凌ぐことができました。

［ケース３（失敗例）］

　Cさんは、約300万円の借金を各消費者金融からしていました。月収は21万円程度で月々13万円の支払いがとても重く、Cさんの生活を圧

迫していました。Cさんは友人から任意整理のことを聞き、自分も任意整理で少しでも生活を楽にしたいと考えました。しかし、Cさんは法律家に依頼するお金を惜しみ、インターネットでの一夜漬け程度の知識で任意整理を始めました。

　Cさんは、営業職でしたから、話術には自信がありましたが、業者側の担当者たちはとても手強く、元金のカットはおろか金利の引き下げにも応じてもらえなかったのでした。何回も交渉をしましたが、ほとんどの業者は金利の引き下げだけしか応じてくれず交渉は難航、そして業者側はCさんの給料の差し押さえにかかる動きを見せたのです。

　この時点で、私に相談が来ましたが、時すでに遅しでした。さらにCさんの借り入れの状態は最近借り始めたものが多く、任意整理では十分な効果がなかったため、Cさんは結局自己破産をすることとなりました。

　Cさんのように、自分を過信し業者相手に任意整理をする方が多くいます。しかし、相手はプロです。法律知識も話術も比べ物になりませんから、無駄なことはせずにこちらもプロの法律家に依頼して交渉をしましょう。

3　特定調停

(1)　特定調停でできること

　特定調停は、任意整理を調停を通して行う方法です。調停とは、交渉の場を裁判所に移して本人、債権者、調停委員、書記官が調停室と呼ばれる部屋で交渉することです。調停といっても決して怖いものではありません。業者との交渉も選出された調停委員が行うのでむしろ安心なのです。つまり、法律家に依頼する任意整理と同じことをするのですが、あなた1人でも十分交渉可能となる制度です。

特定調停は、次のような方に向いています。
- 任意整理の条件に当てはまっている方（先述の任意整理の項をご覧下さい）
- 任意整理をしたいが法律家へ依頼するお金がない方
- 現在、業者から裁判や差し押さえを受けている、または受ける可能性がある方
- 自分で債務整理をしたい方

(2) 特定調停の手順

　特定調停は、所轄の簡易裁判所にあなたが申し立てることで始まります。申し立てが受理されると調停委員という人が裁判所から選ばれます。まずは、その調停委員とあなたとで詳しい打ち合わせをします。調停委員が面倒な引き戻し計算等をしてくれるので、あなたにかかる負担は軽減されます。それから、業者を呼んでの調停となります。

　調停は、だいたい2回程度行われます。その全ての回にあなたは出席しなければなりませんが、調停中の交渉の難しい部分はすべて調停委員がやってくれます。また、調停での言動はすべて調書に残るので、業者も勝手なことは言えません。つまり、素人でも怖がらずに十分に交渉が進められるのです。そして、たとえ調停に業者が出席しなくても調停委員が電話での調停を行ったり、法律に則ってあなたに有利な条件で強制的に調停を終結させる方法（第17条決定）を取ってくれたりしてスムーズに交渉が運ぶようにしてくれるのです。調停が成立すると調停調書を作成してくれ、それに則って双方が和解することになります。この調停調書は裁判の確定判決と同じ効果がありますから、後で異議は申し立てられないので業者に対して強制力もあるのです。

(3) 特定調停のメリットとデメリット

［メリット］
- 素人でも調停委員の力を借りて裁判所の中で安全に業者と交渉ができる。
- 任意整理に比べて時間がかからない。
- 裁判や差し押さえをされていても調停の期間は中止ができる。
- 申し立て料金がとても安い。

　特定調停は、任意整理と同じことをするのですが、素人が業者と交渉をしようとしても向こうはプロですから適当にあしらわれてしまいます。やはりこの制度の最大のメリットは素人が安全に業者と交渉できることです。しかも、裁判所の中で交渉内容がすべて記録されるのですから業者も下手なことはできません。時間がかからないのもメリットの1つでしょう。交渉ですから、それなりに時間はかかりますが、任意整理のように業者に無駄に引き延ばされたりすることは少ないのです。調停委員もスムーズに運ぶよう最大限協力してくれますし、第17条決定によって強制的に調停の締結を図ってもくれるのです。

　また、現在、差し押さえや裁判にかけられていても特定調停を申し立てることでその一時停止をしてもらうことも可能です。そして交渉が成立すれば、その調停調書は**裁判の確定判決**と同じ効果を持つのでもう差し押さえに怯えることはなくなるのです。

　さらに、うれしいメリットはお金がかからない点でしょう。件数と借金の額によって違いますが数千円もあれば申し立てることができます。法律家に依頼すると多額のお金が必要になりますからこれはたいへんありがたいことです。申し立て書類も簡単ですから、初めてでも1人で十分、申し立て可能です。

［デメリット］
- 任意整理と同様、交渉であるため、決裂する場合がある。

・調停日時を必ず守らなくてはならない等の時間の制約がある。
・過払い請求をする場合は、特定調停では効果がない。
・一度成立した調停調書は変更ができない。
・無職・無収入では利用できない（ただし、専業主婦は認められる）。

　この特定調停は、任意整理に比べて良いことだらけのような感じを受けますが、任意整理のようには思い通りにならない点も多くあります。それは任意整理が自由な経済活動であるのに対し、特定調停は法律に定められた制度で制約があるからなのです。しかし、たとえ制度とは言え業者が頑なに交渉に応じなければ、不調といって交渉は失敗するのです。調停委員がいるので任意整理よりもその確率は低いですが、失敗の確率はゼロではありません。また、調停委員の能力も影響してきます。調停委員が慣れていなかったり交渉が下手だったりすると不調に終わる確率も高くなります。

　また、時間の制約もあります。裁判所が決めた調停日には必ず出席することが義務付けられます。すべての調停日の指定された時間に行かなければならないのです。急に都合が悪くなったりしても絶対に出なければならず、出なければ罰金などが科せられる場合があります。ただし、事前に地方裁判所の許可をもらっていれば調停日時を変更することはできます。

　任意整理でも過払い請求（不当利得返還請求）をする時には、別に簡易裁判所に申し立てます。それは特定調停でも同じです。しかし、特定調停は調停調書が作成されるため、再び裁判を起こすことができません。ですから元金が相殺されるなら良いのですが、それ以上の額が返金される見込みがあるならば、特定調停よりも法律家に依頼して過払い請求をしたほうが良い場合があります。そして、この調停調書は締結されるとどんなことがあっても守らねばなりません。もしも、将来調書に書いてある方法で返済ができなくなった場合は、業者は法律上の手続がな

くとも、即時の差し押さえができます。注意してください。

　最後に、この特定調停は借金を返すことが前提ですから、無職や無収入であると申し立てはできません。ただし、専業主婦であるならば夫の収入次第で認められることがあります。

(4)　特定調停にかかる費用

　先にも書きましたが件数や借金の額によっても、地方によっても違います。ですが数千円程度あれば十分にこの制度は利用できます。

(5)　特定調停の実例〜実際の相談例から〜

　Dさんはサラリーマンでしたが、勤めていた会社の経営不振で残業代のカットや給料のベースの引き下げで収入が激減して消費者金融から借り入れた180万円の返済が苦しくなりました。180万円では自己破産や個人再生はできません。ですから任意整理を勧めたのですがどうしても自分でケリを付けたいということで、特定調停をアドバイスしました。

　180万円は、3件から借りていて金利はどれも25.0％前後でした。しかも5〜6年も借り入れをしているため、事前の引き戻し計算ではかなりの額の元金がカットできるはずです。

　Dさんは有給休暇等を使って何とか時間を作り、調停に望みました。1件の業者が抵抗したため、交渉は難航したようでしたが調停委員のおかげで3か月程度で結果が出ました。180万円あった借金は引き戻し計算で100万円程度となり、これを3年間の分割支払いにしてくれました。金利も法定金利まで下がりました。

　私のもとにくる相談では、特定調停に関することは割合少ないのですが、成功した例として今でも覚えています。

4　自己破産

(1)　自己破産でできること

　自己破産は、自分の財産を失う代わりに免責決定によってすべての借金の支払い責任を免除してもらう制度です。この自己破産は大変強力な制度で、一度自己破産を申し立てると、業者からの直接督促（直接会ったり、電話をしたりしての督促）は全面禁止され、現在かかっている裁判や差し押さえなどの法的な処置も自己破産の審理中は即時停止されます。

　自己破産で支払い責任を免除される借金の上限はなく、どんな借金でも自己破産の禁止事項をクリアしていれば免除してもらえます。また、自由に持っていても良い財産として現金が99万円以下ならば認められますから、多額の借金を抱えている方は我慢をせずに早く申し立てることで再起の時期も早まるのです。自己破産は人生の墓場ではなく、人生の再出発点なのです。

　自己破産は、次のような方に向いています。
・多額の借金を背負っている方（自身の年収と同等かそれ以上の方）
・現在、督促や裁判・差し押さえ等で困っている方

(2)　自己破産の内容と手順

　自己破産は「破産法」という法律に則ってする債務整理の方法の1つです。自己破産というと借金がなくなるというイメージがどうしてもありますが、「借金の支払い責任を免除」する制度です。これにより申し立てた方は、すべての借金の支払いをしなくてもよくなるのです。ただし、自身の財産となる物を処分しなければならないこともあります。また、たいへん強力な法律であるために、厳格な条件や禁止事項もありま

す。まずはそれを見ていきましょう。

[自己破産の申し立てができる条件]

自己破産ができるか否か、明確な基準は法律には書いていませんが、支払いが困難に陥っていれば申し立てることが可能です。ただし、判例では借金が**300万円程度か自分の年収以上の額**で認められることになっています。ただし、この判定は裁判官に任されているため、相当の理由があればたとえ300万円以下であっても自己破産を申し立てることができた事例も数多くあります。

その実例としては、例えば以下のようなものがあります。

- 母子家庭の母親が病気で働けなくなり240万円で認められた。
- 年金をもらっている高齢の夫婦が支払不能になり220万円で認められた。
- 仕事で怪我をし障害者となった男性が190万円の額で認められた。

ただし、無職や専業主婦のように、自身に収入がなくても同居している家族に十分な経済力があったり、自身に財産がある場合は認められる可能性は低くなります。

[処分される財産と守られる財産]

自己破産の特徴として先にも書きましたが、財産があれば管財人によって処分されます。その財産は以下のとおりです。

- 自分名義の不動産（土地・建物、たとえ一部でも自分名義のものがあれば対象となる）
- 自分名義の動産（自家用車・バイク・飛行機・船舶等）
- 自分名義の有価証券（株券・解約返戻金がある生命保険・退職金）
- 自分名義の99万円を超える部分の現金・預貯金（つまり、合計99万円以下の現金・預貯金は、自由財産として保護されます）

この中で、最後の現金・預貯金以外は実際に売って売価が20万円以

第3章　債務整理の方法

上になるものは、すべて財産として処分されます。また、上記にあげられていないものでも、現在ローンが残っているものは、債権者によって商品を引き上げられる可能性があります。

なお、よく噂にあるようなテレビやビデオ・家具等は処分されることなくすべて守られます。

[自己破産の禁止事項]

自己破産には、申し立てることができる条件のほかに、厳格な禁止事項があります。これを**免責不許可事由**といい自己破産を審理する際に、非常に重要な決まりです。

免責不許可事由

- ギャンブルや浪費など主に自分の快楽のためにした借金
- 自分の財産を隠して自己破産を申し立てること
- すでに破産状態であるのにそれを隠してした借金
- まだ代金を支払っていない財産を勝手に売ったり質に入れたりした時
- 裁判所に虚偽の申し立てをした場合
- 過去7年以内にすでに自己破産の免責決定・免責不決定の判決が出ている時
- 裁判所に無断で、申し立ての前後に、一部の債権者に借金を返済したり、一部の債権者を債権者リストに載せない行為をした時
- その他、裁判所が認めない行為をした時

以上の事柄に違反していると、申し立てができなかったり、その後の審理で免責決定が出なかったりする危険性があります。しかし、過去の自己破産の免責率は9割を超えています。たとえこの免責不許可事由に引っかかる要素があっても絶対に認められない訳ではありません。十分に反省しているならば免責決定を受けられる確率も上がりますし、「一部を除いて免責」「一部免責」の決定もありますから恐れずに申し立て

ることが大切です。

[自己破産で認められない借金]

　自己破産でも免責ができない借金があります。それは債務整理すべてに言えることですが、以下のような借金です。

- ・税金や国民健康保険等の公共料金（電気・ガス・水道等も）
- ・反則金・罰金・過去に確定した調停や裁判で支払い義務があるもの（慰謝料・損害賠償金等）
- ・免責不許可事由に違反していて裁判官が認めないもの
- ・犯罪や違法行為に関わる借金

[免責決定とは]

　自己破産は申し立てるだけでは効果はありません。この免責決定を受けなければ意味がないのです。免責決定とは自己破産の最終目的であり、この免責決定が出ることですべての借金の支払い責任が免除されるのです。免責決定には裁判の確定判決と同等の効力があり、一度出ると、どの法律によっても覆すことはできません。この免責決定は、免責の許可・不許可にかかわらず一度出るとそれ以後7年間は再び審理には入れませんので注意が必要です。

(3)　自己破産の流れ

　これからは自己破産の申し立て以降の流れを説明していきます。その地方の裁判所や裁判官の方針により、若干の違いがありますが、法律に書かれた基本的な手順は以下のようになります。

申し立て書類の作成

↓

地方裁判所へ申し立て（認められると受理票の発行が受けられる）

↓

破産手続き開始決定（決定書が発行される）

↓
審尋(しんじん)
↓
財産がある場合はこの間に競売が行われる
↓
免責決定（免責決定書が発行される）
↓
免責確定

　自己破産にかかる期間は、財産がなくスムーズにいけば3、4か月、財産がある場合では1年程度かかります。ではこの流れに沿って1つ1つの手順を説明していきましょう。

(4)　申し立て書類の作成
　まずは、申し立て書類を作成します。書類の作成は法律家に依頼するのが一般的です。しかし、財産がない場合は、自分でも申し立て書類を作成することが可能です。
［同時廃止と管財人事件］
　難しい用語が出てきましたね。この2つの用語の意味は、次のとおりです。まず、財産がない人の場合を「同時廃止」と言い、財産がある人の場合が「管財人事件」と言って、両者は法律上区別されています。
　自己破産では、申立人に財産がある場合には、その財産を処分しその処分したお金を債権者に平等に分ける作業をします。その時に財産を管理するのが管財人となります。管財人は普通、裁判所に選ばれた弁護士がなります。裁判所が認めれば、自身の依頼した弁護士が管財人になることも可能です。
　つまり、管財人がつく管財人事件の場合以外は自分でも申し立てられ

るのです。法律家に依頼するお金がないなどの理由で自分で行いたい場合は、申し立て書類を裁判所からもらい、必要な書類を添付して提出することになります。ただし、書類に不備があったり、何らかのトラブルがあったりしてもすべて自己責任となりますから慎重にしましょう。書類の内容自体はそれほど難しくはありません（ただし、記入することはとても面倒ではあります）。

［必要な書類］
- 破産申立書（裁判所でもらえる。それ以外でも同じ書式であればよい）
- 陳述書（これも裁判所でもらえる。破産理由等を書いた書類）
- 財産目録（財産がない場合でも、財産がないことを記す書類が必要となる）
- 最近の2か月分の家計簿（現在の支出を知るために必要な書類）
- 債権者リスト（すべての借り入れがある業者の名称とその所在地と金額を書く）

以上に加えて、裁判所が提出を求める書類、例えば、以下のような書類を添付します（すべて原本ではなくコピーで可能です）。
- 戸籍謄本や住民票、パスポート、外国人登録証明書等
- 給与明細や源泉徴収票等の収入がわかるもの
- 使っている通帳のすべてのページのコピー
- 入っていれば、生命保険の解約返戻金計算書や保険失効の証明書
- あれば、退職金の計算書
- 財産があるならば、その証明書（登記簿謄本や車検証等）

原則的に裁判所から提出を求められた書類は、すべて提出しなければなりません。自分で申し立てる場合は、裁判所からもらった書類はすべてコピーを数枚とっておきましょう。裁判所は再発行をしない場合が多いからです。

第3章　債務整理の方法

では、各書類の簡単な説明をしておきましょう。
　まず、破産申立書は単なる申し込み用の書類です。裁判所からもらった書類をていねいに埋める形で大丈夫です。次の、陳述書はちょっと書く箇所の多い書類となります。陳述書は、主に申立人自身のことや破産に至った経緯、現在の財政状況等を裁判官に詳しく知ってもらうための書類です。この陳述書がすべての書類の中でもっとも書くのに手間取るのですが、過去のことをゆっくりと思い出して書いてください。わからないところは、無理に書かずに裁判所に聞くようにすれば大丈夫です。２か月分の家計簿はだいたいの収支を書けばよいと思います。注意点は、自転車操業をしている分（借金でまかなっている支出のこと）は書かずにマイナスにすることです。自転車操業をした分は説明が難しいので書かないほうがよいでしょう。収支の状態を知るためだけのものですから、実際の家計簿ほど細かいものではなく、金額は大まかなもので結構です。
　そして、一番重要な書類が債権者リストです。この債権者リストには、債権者の名前・住所・借入額などを書くのですが、この債権者リストに記載されていない借金は、自己破産の対象外となってしまいます。また、わざとこの債権者リストに載せていない借金があると、自己破産の免責不許可事由に引っかかってしまい、免責が受けられなくなる可能性が高くなります。とても重要な書類ですからしっかりと書く必要があります。
　裁判所からもらった書類以外に提出を求められる書類がいくつかあります。これは地方によって違いますから注意が必要です。どの書類も役場で申請すればもらえるものが大半ですが、退職金の計算書等は会社に対して申請するので、とても言いにくいものです。その場合には、勤めている会社の内規書でもよい場合も多いのです。ここで気をつけたいのは、通帳のコピーです。Ａ４サイズでコピーするのですが、表表紙・

裏表紙をはじめ印刷がされているページすべてが必要で、そして過去1年間分が必要です（一部の地域では、期間が異なるので注意してください）。

書類がすべて揃ったら、いよいよ自己破産の申し立てをするために裁判所へ出向くことになります（個人での申し立ての際には、書類は返還されませんからコピーなどをとっておくことをお勧めします）。

(5) 自己破産の申し立て

裁判所の民事部で申し立て書類を審査してもらいます。審査には約1時間前後かかり、その間は裁判所の中の待合室で待機することとなります。申し立て書類に不備があるとこの時点で指摘されますから、持ち帰って直してから再提出となります。待合時間中はやることがありませんから本などを持っていっても構いませんが、携帯ゲームや漫画等、見られて心証が悪くなるようなものは絶対に避けてください。

審査が終わると、今後のことについて詳しく説明を受けます。絶対に忘れないようにメモ等を取っておきましょう。そして、係の人から受理票と呼ばれる紙をもらいます。この受理票がとても重要な役割をします。受理票は確かに申立人が破産法の保護下に置かれたことを証明するものです。ですから受理票をもらった時点で申立人に督促等をかけることは禁止されます。

法律家に依頼をしているならばすぐに受理票と日程を渡すようにしましょう。本人による申立であるならば、債権者リストに載っている債権者全員にFAXで通知しましょう。後に裁判所から受理票の写しが債権者に郵送されますが、時間がかかるので可能な限りFAXで送りましょう。債権者から事情を聞くために電話などがあるかもしれませんが、それは違法ではありませんから破産を申し立てた事実を伝えましょう。この受理票は再交付されませんから絶対になくさないように保管してくだ

さい。

(6) 破産手続き開始決定

　申し立て書類が裁判官に渡り、審理が始まると破産手続き開始決定がなされます。つまり、「今から破産の手続きを始めます」という宣言です。この破産手続き開始決定が出ると、その証明として破産手続き開始決定書が送付されてきます。この書類は債権者にはあまり関係ないのでFAXで送付しなくても結構です。

　しかし、この決定は申立人にはたいへん大きな意味があります。実はこの決定以後、蓄財が自由にできるようになるのです。ですから、申し立て前には制限のあった自由財産もこの時点で制限がなくなります。とはいえ、やむをえない場合以外は財産を持つのは自己破産がすべて終ってからのほうが良いと思います。また、この決定から以後は、裁判所から追加の書類の提出を求められたり、事情を聞きたいと求められることがあるので、もう一度裁判所へ呼ばれる可能性があります。裁判所からの連絡には、注意をするようにしておいて下さい。

(7) 審尋(しんじん)

　審尋という言葉は聞きなれないと思います。審尋は、裁判官と書記官と申立人が申し立て書類に書かれていることが事実かどうか、面接をすることです。多くの場合は1回で済み、時間も短く、大勢で一度に行われるので、それほど面倒ではありません。しかし、場合によっては、2、3回になる場合がありますから注意が必要です。

　審尋はとても大きな意味がありますから、聞かれたことは正直に答えて、申し立て書類と矛盾がないようにする必要があります。ここで適当に答えたり、ウソをつくと免責決定が不許可になってしまう可能性があります。

審尋での注意点は、ズバリ時間と服装です。裁判所は融通が利かないのが特徴です。ですから約束をした時間に少しでも遅れるとダメなのです。それは交通渋滞や列車の遅延すら許してくれない場合が多いのです。ですから、絶対に遅れないように時間には余裕を持って裁判所に向かってください。それから裁判所へ行く際には服装も注意してください。普通の格好で大丈夫ですが、あまり派手な格好やあまりに高級そうに見える格好は心証を悪くします。そして、待っている時間も携帯電話やゲーム等は絶対にしないようにしましょう。これも心証に影響します。自分は反省しているのでチャンスが欲しい、そういう気持ちで厳粛に望んでください。

(8)　競売

　財産があるならば破産管財人が選出されているはずです。これからは競売が始まります。競売は入札方式で進められます。裁判所内に物件の内容と最低競売価格の公示をし、入札競売が行われます。そして落札されると物件の明け渡しと登記簿の変更が行われ競売は終了します。

　ここで知っていただきたいのは、競売にかかった家などにどれだけ住めるかです。自己破産の申し立てから競売まではかなり時間がかかります。少なくとも申し立てから3か月、長くて6か月はかかると見ておいてください。落札後は場合によりますが、1、2か月程度で明け渡しが要求されます。つまり、6か月程度は住めるのです。その間に新しい住みかを探すことになります。

　また、競売は誰でも参加できるため、家族や知り合いに落札してもらうことで住み続けられる方法もあります。

(9) 免責決定

　すべての審理が終わると、申立人に免責の決定が出ます。この許可・不許可の決定は免責決定書という書類で郵送で知らされます。この決定は許可・不許可にかかわらず先にも書いたように7年に1度しか出ません。不許可になればすぐに督促などが再開されますから、別の債務整理を選択することとなります。

　免責許可の決定が出てもこれで終わりではありません。債権者には異議申し立て期間が設けられていますから、この間に異議がなければ問題ありません。正しい取引きの場合には、異議は申し立てられません。ウソをついていたり、犯罪にかかわることでの借金の場合には、債権者から申し立てられる場合があります。

　この免責決定書も債権者全員にFAXで送付しましょう。それとこの決定書はとても大切な物ですから少なくとも今後、7年間は大切に保管してください。

(10) 免責確定

　免責確定は、免責決定以後、異議申し立て期間に何も異議がなければ、その後「官報」と呼ばれる政府発行の新聞に記載されます。だいたい、免責決定から1、2か月程度で記載される場合が多いのです。いつ掲載されたかは、普通はわかりませんから、だいたい上記の時期が来たら裁判所に聞いて官報に記載されているかどうかを確認します。裁判所からの通知などはありません。

　官報に記載された瞬間に、免責確定が決定します。これですべてが終わりました。自己破産を経験するとこの瞬間があまりにもあっけなく感じます。今まで返済などで忙しかった毎日がとてもウソのように感じられます。でも、すべてが終ったのです。

　なお、この免責確定をもって申立人にかかっていた権利の停止はすべ

て解除されます。

(11) 自己破産の注意点
　自己破産には紹介した以外にもいくつかの注意点があります。
・一定期間、就けない職業がある。
　自己破産では、次のように一部の職業の資格の停止があります。これは申し立てから免責確定を受ける期間だけですが、現在その職業に就いている方やこれから就こうとしている方は注意してください。

> 弁護士、司法書士、行政書士、公認会計士、税理士、宅地建物取引主任者等の士業／質屋・古物商／警備員／生命保険や損害保険の外交員／建築会社や風俗店の経営者

・転居や旅行などが期間中はできない場合がある。
　転居や長期間の旅行などは、自己破産の期間中はあらかじめ裁判所の許可をもらっておく必要があります。海外旅行や裁判所の管轄外への転居は避けてください。
・郵便物などを法律家が管理する場合がある。
　財産がある方の場合は、郵便物は管財人がすべて管理をすることがあります、注意しましょう。
・ブラックリストに載り、最低5年から最大10年間は再び借金ができない。

(12) 自己破産にかかる費用
　自己破産には、「予納金」という裁判所に支払う事務手数料があります。同時廃止の場合（財産がない場合）には2万円程度です。しかし、管財人事件の場合は、予納金は懲罰的な要素もあるので個人の場合は50万円から、法人の場合は100万円からとなっています（目立った財産がない場合は、法律家が推薦状を書くことで「小額管財」となり、20

万円程度で済む場合もあります)。

　予納金は全額即金で支払う必要はありません。裁判所が認めれば申し立てた後に分割でも支払えます。破産法の保護下で督促もなく分割ができるのですから、まずは申し立てることが重要です。

　法律家に依頼する場合は、予納金のほかに法律家に支払う依頼料も必要です。一般的な場合は弁護士では30万円から50万円、司法書士ならば15万円から40万円程度が必要になってきます。最近では分割で支払える場合も多くなっていますから、依頼する法律家に相談しましょう。後述しますが依頼料が足りない場合は「法律扶助制度」を利用することもできます。

⒀　自己破産のよくある質問
　自己破産は、私たちの相談においても、とても質問の多い手続きです。そこで、わかりやすくQ&A方式でよくある質問にお答えします。

Q1. 自己破産をした場合、会社に知られたり、戸籍に載ったりすると言われましたが、本当ですか？
A1. それは自己破産や債務整理に関してよく言われる**ウソやデマ**です。自己破産や債務整理にはとても多くのウソやデマが流れます。こう言ったウソやデマは、時として自己破産や債務整理をしようとする方を苦しめます。まずは、専門家に相談し正しい知識を知ることが近道となります。

　ウソやデマには、例えば次のようなものがあります。
　　・戸籍や住民票に自己破産した事実が載ってしまい消せない。
　　・ご近所や会社に知られてしまい、住むことも働くこともできない。
　　・子どもや孫の進学や結婚に支障が出る。

・自己破産をすると家中赤紙を張られて生活必需品まで処分されてしまう。
・選挙権や被選挙権が永久になくなる。
・家族や親戚の財産まですべて処分される。
こんなウソやデマは絶対に信じないで下さい。

Q2. 会社の経営者ですが、会社は倒産させずに自分だけ自己破産ができますか？
A2. できます。破産法では、関連する商法が改正され、たとえ自己破産者でも会社の経営者を続けられるようになりました。これにより、経営者を辞めずに自分だけ自己破産ができます。

Q3. 年金で生活をしていますが、自己破産はできるのでしょうか？また、年金は止められませんか？
A3. 年金をもらっていても自己破産はできます。年金をもらっていても自己破産はできますし、自己破産を理由に年金がもらえなくなることはありません。これは遺族年金や児童扶養手当て・生活保護・障害者年金等も同様です。

Q4. 株式などへの投資をしていると自己破産ができなくなると言われましたが、本当ですか？
A4. その可能性はありますが、苦しいならば申し立てることが大切です。
　自己破産では株式などへの投資はそのものがギャンブルと同様に扱われます。そもそも投資は生活に余裕がない方はできません。やはりいくらかの余裕があるからこそ蓄財の方法として可能となるのです。しかし、それは時には大きな損失を出してしまう可能性があります。

注意したいのは無理な投資をしてはいないかということです。自己破産でも、無理のない範囲でおこなっている分には何も問題はありません。しかし、投資を過度にしすぎた結果つくってしまった借金の場合は難しい面もありますから、財産がない場合でも法律家に依頼する必要があります。

Q5. 債権者リストに取引銀行が含まれています。この場合、何かデメリットがあるのでしょうか？
A5. すぐに取引銀行を変えてください。

　自己破産の申し立て前に銀行を変える必要があります。債権者リストに載っている銀行は、その銀行と同じグループに属する他の銀行も含めて口座はすべて凍結されます。凍結された口座は法律家が解除の申し入れをするか、自己破産後、銀行の事務処理が終われば再び使えるようになります。しかし、口座にお金が入っていると銀行が差し押さえをしますから、自己破産をするならば免責不許可事由になる可能性がありますし、口座引き落としで借金を支払っている場合は、すぐには止められないので、急いで違う銀行に口座を移す必要があるのです。
　たとえ、取引銀行が債権者リストに載っていなくても、その口座に引き落としで支払っている借金がある場合は、同じ銀行でよいですから、残金を別の口座に移して、今の口座を空にしておく必要があります。

Q6. 現在、マンションを借りているのですが、自己破産すると出て行かなければなりませんか？
A6. その必要はありません。

　自己破産をしてもそれを理由に追い出されることは一切ありません。逆に、もし自己破産が理由で追い出された場合は裁判をすることができます。

しかし、大家さんや管理会社への家賃を滞納し債権者リストに載っており、その滞納分が自己破産の対象となっている場合は、出て行かざるをえなくなります。注意しましょう。

Q7. 債権者リストに記載してある借金について、連帯保証人のいるものがありますが、どうなりますか？
A7. お気の毒ですが、連帯保証人に請求が行きます。
　連帯保証人がついている借金を整理すると、必ず連帯保証人に請求が行きます。自己破産も例外ではありません。必要であるならば、連帯保証人も債務整理をする必要がありますから事前によく話し合ってから債務整理をしてください。

Q8. 官報とはどんなものですか？　自己破産のことが周囲に知られてしまうのではないのですか？
A8. 官報はほとんど知られていませんからその心配はありません。
　官報というのは政府発行の新聞です。自己破産の確定に使われる官報ですが、その存在はほとんどの人は知りません。ですから、官報から自己破産の事実が知られてしまうことはありません。そして、自己破産の事実は官報に載るといっても、いつ載るのかは地方裁判所でもわかりません。つまり、その情報を知るためには、自己破産した方の個人情報をすべて知っていて、かつ発行される官報をすべて確認する必要があるのです。ですから、発見される確率はゼロに近いと思っていてください。周囲の人間に知られる心配はほとんどありませんので安心してください。

Q9. 正直、免責不許可事由ばかりです。どうしたらよいのでしょうか？
A9. 苦しいのならば自己破産を申し立てることが先決でしょう。

免責不許可事由があるからといって申し立てを諦める必要は絶対にありません。確かに免責不許可事由に引っかかるような行為をすること自体が悪いのですが、それをよく理解し、反省することで酌量される可能性も高いのです。事実、自己破産の免責率は9割を超えています。くよくよせずに明日のために頑張りましょう！

⒁　自己破産は人生の墓場ではない！

　よく自己破産は、「人生の墓場」とか「人生の落伍者」といったイメージを持たれます。しかし、それは**大きな間違い**です。自己破産は、再び人生にチャレンジするチャンスであると考えましょう。確かに借りたものを返さないのは簡単には許されない行いです。しかし、それだからと言って追い詰められて自殺をしたり、失踪をしたり、時には犯罪を行うようなことがあってはいけません。自己破産はそうならないためにある制度なのです。

　大切なのは自己破産をすることではありません。その後のことです。自己破産後にどれだけ早く社会復帰ができるかで人生は大きく変わっていくでしょう。ですから、少しでも無理だと感じた時は、できるだけ早く自己破産をすることをお勧めします。よく自己破産する前にあがくだけあがく人がいます。しかし、お金も何もなくなってしまうと自己破産すらできない状態になってしまうのです。そうなると最悪です。後々の社会復帰を考え、少しでも早めの決断をすることを願っています。

　人生は転んだことが恥ではありません。起き上がれないことが恥なのです。今までの自分の行動に自分でケリを付けて**人生の再スタート**を切っていただきたいと思います。

5　個人再生

(1)　個人再生でできること

　個人再生は、自己破産と同様に個人再生法を使って整理をしていく方法です。その効果は借金を指定の金額まで強制的に減額し、それを3年間で支払っていくものです。最大5,000万円まで対象となり10分の1程度まで減額ができます。さらに、この個人再生の最大のメリットは「ローンが残っている持ち家を残せる」ことです。これはとても大きなメリットで、せっかく買った自分の家以外の借金を整理できるため、最近急激に申し立て件数が増えている債務整理の方法です。

　個人再生は、次のような方に向いています。

　　・持ち家があり、そのローンが残っている方
　　・自己破産の免責不許可事由があり、自己破産できない方
　　・自己破産での職業の制限があり、職を失う可能性のある方

(2)　個人再生の手順

　個人再生は、最大5,000万円までの借金を強制的に減額させる制度です。この個人再生には2つの方法があります。

［給与所得者等個人再生］

　主に、会社員や年金生活者等、毎月決まった給与がある方向けの個人再生です（資力があれば正社員である必要はありません）。特徴としては、一度個人再生が認められると債権者は異議を申し立てられないことです。ただし、月々の支払額は小規模個人再生に比べて割高となります。

［小規模個人再生］

　主に、自営業などで毎月決まった額の収入がない方向けの個人再生です（ただし、無職・無収入では利用はできません）。給与所得者等個人

再生に比べて月々の支払額が低いのですが、過半数の債権者が異議を申し立てれば個人再生が認められなくなります。

つまり、会社員用の個人再生は、債権者は一切口出しできないけれど月々少し高く返済しなさい、というもので、一方、自営業者用の個人再生は、月々の返済は安いけれど多くの債権者がダメと言えば認められないよ、というものです。なお、会社に勤めていればどちらでも好きな方を選択できますが、自営業者は小規模個人再生しか認められません。この点は注意しましょう。

やはり、債権者の抵抗がない給与所得者等個人再生を利用する方が多いのですが、過去に自己破産や同じ給与所得者等個人再生を受けていると利用できません。債権者の抵抗がある可能性がある小規模個人再生には、このような決まりはありません。

次に、借金を強制的に減額していきます。その減額の割合は、次のようになります。

住宅ローンを差し引いた借金の額	最低弁済額※
100万円以下	減額は不可能
100万円超 500万円以下	100万円
500万円超 1,500万円以下	借金額の2割
1,500万円超 3,000万円以下	300万円
3,000万円超 5,000万円以下	借金額の10分の1

※「最低弁済額」とは、(法律に定められた)最低限の支払い責任がある金額。

どうでしょうか？ とてもすごい減額率ですね。これは、最低弁済額といって小規模個人再生を選ばれた方はこの額となります。給与所得者等個人再生を選んだ方は、この額か可処分額（給料から最低生活費を引いた額の2年分）のどちらか多い方となります。これを3年間で均等に割って支払っていくのです。

例えば、住宅ローンを除く借金が500万円あった場合、小規模個人

再生を選び整理をすると借金が500万円から100万円となり、それを3年間で均等に支払うこととなります。すると1か月の支払額は27,500円となり、それに住宅ローンの分を足した額が月々の支払額となります。500万円をたとえすべて銀行で借りたとしても、月々の支払額は15万円を超えますからその効果は絶大です。

(3) 住宅ローン特則

　自己破産等をすると現在の持ち家は処分されてしまいます。連帯保証人にも残債の一括請求がかかったりして迷惑をかけてしまいます。しかし、個人再生ではある一定の条件のもとであれば現在ローン支払い中の持ち家に限り、処分されずに残すことができます。これが住宅ローン特則というものです。その条件とは、次の2点です。

　　　・住宅ローンは、個人再生等の債務整理の対象にはならないこと。
　　　・満70歳までにローンを完済できる見込みがあること。

　つまり、住宅ローンは同条件で支払っていかなければならないため、それ以外の借金を減額しても、オーバーローン状態の場合は、この特則は認められない可能性があります。しかし、この個人再生には最大10年間、住宅ローンの返済期間を引き延ばすことを可能にする制度が付いています。これによって住宅ローンの月々の支払額も抑えることができます。また、この特則の効果は連帯保証人にも及ぶため、この特則で期間などを延長しても連帯保証人には迷惑はかけません。とても助かる救済制度であると言えます。ただし、この特則はすでに支払い終わっている住宅ローンには適用されませんから注意してください。

(4) 個人再生で処分される財産

　個人再生でも自己破産同様、申立人名義の財産は処分されます。これは、自己破産の場合と同じです。詳しくは自己破産の項をご覧下さい。

(5) 個人再生の流れ

法律家により申立書・再生計画書を作成
↓
裁判所に申し立て
↓
再生手続きの開始決定
↓
再生計画書の審理・再生委員の選出
↓
債権者への意見聴収
↓
再生計画書の認可
↓
再生計画の開始

　審理の期間は、申し立てからだいたい半年程度です。個人再生も自己破産とほとんど同じ流れになっています。ですから、申し立てが受理されると督促も止まります。しかし、この個人再生は個人では申し立ては無理なので、必ず法律家に依頼する必要があります。そこで、ここでは、その流れだけを書いておくことにしました。ここで重要なのは、再生委員の選出です。再生委員は申立人の資力・財産・今後の再生計画の進行等をチェックする方です。この再生委員は、裁判所が選ぶのですが、申立人の代理人の法律家が必ずしも選ばれるわけではありません。申立人の代理人の法律家が再生委員として付くか、裁判所が選んだ委員が付くかで予納金が違ってきます。

(6) 個人再生にかかる費用

　個人再生にかかる費用は3万円程度です。とてもリーズナブルですが再生委員が選ばれると15万円から30万円程度（地方により違う）が別途必要です。それと法律家への依頼料ですが、自己破産と同等か少し高い程度となります。弁護士であれば30万円から50万円程度、司法書士ならば20万円から40万円程度が相場です。

　個人再生とは、以上のような制度です。ほとんど自己破産と同等の効果があるにもかかわらずローン中の持ち家を残せることはとてもメリットが大きく有利な制度です。また、自己破産とは違い、少々の額を支払う代わりに手続き中の権利の制限も少なく、たいへん使いやすい制度ではないかと思います。現在は、自己破産を選択する方は年々減っていて、代わりに個人再生を選択する方が増えています。やはりどなたも苦労して買った持ち家を手放したくないのでしょう。

(7) 個人再生のメリットとデメリット

[メリット]

　　・ローン中の家が残せる。
　　・自己破産と比べて手続き中の権利の制限が少ない。
　　・財産を持っている場合の予納金が自己破産に比べて安い。
　　・たとえ再生計画が不認可であっても自己破産に切り替えられる。

　繰り返しますがこの個人再生の最大のメリットは、ローン中の持ち家が残せることです。ほとんどの方は、これを目当てに個人再生をするほどです。それ以外でも、この個人再生は多くのメリットがあります。例えば自己破産と比べて手続き中の権利の制限が少ないことです。免責不許可事由に当てはまっていて自己破産が困難である場合でも、個人再生ならば関係はありません。また、自己破産をすると特定の職業に就いている方は仕事ができなくなりますが、この個人再生ならばそういったこ

とも関係ありません。

　申し立て費用も裁判所に支払う予納金が、財産がある場合に、自己破産よりも安く済む場合があります。これは、どれだけ財産があるかによりますが、ほとんどの場合、同等かそれ以下で済みます。そして、この個人再生の申し立ては、自己破産とかぶらないため、たとえ個人再生が不許可で却下されても、すぐに自己破産が申し立てられます。財産や家族を守るために先に個人再生を申し立てておいて、ダメなら自己破産するという2段構えの方法が取れるのです。

［デメリット］
- 一度個人再生が許可されると、どんなことがあっても支払いを続けなければならない。
- 住宅ローン以外の借金の連帯保証人には影響がある。
- ブラックリストに載ってしまう。

　個人再生で一番のネックとなるのは、一度個人再生が認められ再生計画がスタートしてしまうとどんなことがあっても、3年間は支払い続けなければならないことです。計画時に無理がないようにするのですが、それでも会社の倒産や自身の病気・事故等により支払い続けられるかどうかはわからないのです。しかし、その救済制度もあります。1つ目は、最大2年間の再生期間の延長です。給料のカットや転職などで再生計画時の収入よりも現在の収入が減っている場合は、再生委員の許可を得て期間が延長されることもあります。これにより1回の支払額を減らせるのです。2つ目はハードシップ免責です。次に説明します。

　ハードシップ免責：これは、会社の倒産や本人の傷病などで（本人の意思とは無関係に）支払いが困難となった場合のみ認められる制度です。このハードシップ免責を受けられる条件は、
- 支払いが困難になった理由が本人の意思とは無関係であること
- すでに総支払額の4分の3を支払っていること

・債権者の権利を阻害しないこと

　です。
　この条件に当てはまっていれば、たとえ以後の支払いができなくても、その分の借金は免責され、支払う必要がなくなります。これは自己破産の免責決定と同等の効力を持ちます。

　そのほかのデメリットは、自己破産と同じで住宅ローン以外の連帯保証人に影響があります。連帯保証人には減額された分の借金の支払いが「一括清算」(残った債務を一括で返済すること)等の方法で行われます。それから債務整理全部に言えることですが、ブラックリストにも載ります。これは自己破産と同じで最低5年から最大10年間の期間です。

6　失敗しない法律家選び

　債務整理に欠かせないのが法律家である弁護士・司法書士等です。しかし、みなさんはどの法律家も同じだと思っていませんか？　それは**大きな間違いのもと**なのです！
　一口に弁護士・司法書士といっても、その仕事の内容は多岐に渡ります。ざっと見ても、刑事裁判・民事裁判・会社の設立登記・清算登記・法律顧問・M&A・株式顧問・離婚相続・物件の売買・成年後見・各代理人等あります。そして、どの法律家にも得意分野・不得意分野が存在するのです。しかし、事務所の看板を上げる際は、弁護士会や司法書士会が認めれば、得意分野等は書かなくてもよく「○○法律事務所」「△△司法書士事務所」等で大丈夫なのです。そして、一般の市民は、日常、法律家の世話になどほとんどなりません。ですから、どの法律家もすべて同じことができると勘違いしやすいのです。私が受けた過去の相談事例でも、4割もの方が何らかの形で法律家とのトラブルを抱えているの

です。

　わかりやすくするために、医者と法律家を比較してみましょう。医者は、法律上は特殊な資格が必要なもの以外は、自分の得意分野を自己責任で決められます。それは一通りの知識と実務を学生やインターンの時に勉強するからです。開業する時もその得意分野を看板に記さなくてはなりませんが、自己責任でどの科でも勝手に付けられます。ただ、間違いや失敗があっては大事故につながるため、得意分野を記すのです。ですから、患者にとってもわかりやすいと言えます。一方、法律家にはそのような決まりがないのです。そこで、自分がまったく経験したことがない分野の仕事でも安易に引き受けてしまう法律家が後を絶たないのです。そんな法律家に当たってしまってはたいへんです。あなたの一生にかかわります。

　また、弁護士と司法書士を混同してしまうのも失敗のもとです。弁護士より司法書士のほうが若干依頼料が安い傾向にあります。「どうせ同じならば安いほうが……」と言う方もいますが、それは違います。例えば、自己破産の場合は、管財人事件（財産がある方）の場合には管財人が選出されますが、弁護士に依頼していると、地方裁判所の裁量で自分の弁護士が管財人になれることがあります。しかし司法書士の場合にはそれがありません。同様に、個人再生の場合も、依頼した弁護士がいるならば、その弁護士が再生委員に選出されますが、司法書士の場合は、別に再生委員（たいていは弁護士がなります）が必要とされる場合もあり、余分にお金がかかったりします。

　さらに、司法書士の場合には「認定司法書士」と普通の司法書士があり、認定司法書士でないと「代理権」が与えられません。代理権がないと、依頼を受けた時に発行する「受任通知」を送れないため、督促を止めたり、相手と本人の代わりに交渉したりすることができなくなります。これも注意点です。

とは言え、司法書士・弁護士ともに法律の専門家でありますから、どちらが優れているということではありません。司法書士でも十分に対応できることも多いのです。自分の資力やその法律家の得意分野等を見てどちらが良いかを選ぶことが重要です。

[過去に実際にあったダメな法律家の例]

ケース1

　主婦のAさんは借金の整理をしようと地元の弁護士に自己破産の依頼をしました。Aさんは弁護士に依頼料を支払っていたので安心していました。それから2年経ち、もともとルーズな性格だったAさんはそのことをすっかり忘れていました。ところがある日、自己破産を申し立てたはずの業者から督促が届きました。これに慌てたAさんは弁護士に問い詰めた結果、その弁護士は自己破産の仕方がよくわからなかったといって、2年間も放置していたのでした。私は早速弁護士会に問い合わせて速やかに自己破産手続きを行うように申し入れをしました。結果、弁護士会からAさんに対して、謝罪と別の弁護士に自己破産をさせるという連絡があり、決着が付きました。とんでもない弁護士がいたものでした。

ケース2

　会社員のBさんは借金の支払いが苦しくて司法書士に自己破産の依頼をしました。しかし、司法書士は「任意整理で十分」と言って任意整理を始めたのでした。そして、半年が過ぎ任意整理は決着しました。しかし、月々16万円支払っていた返済額は14万円になっただけで、実は、引き戻し計算も利息の引き下げも十分に行っていなかったのです。そればかりかBさんに対して「自己破産するなら、あと45万円だせばやりますよ」とセールスをかけて来たのでした。すでに、Bさんが司法書士に依頼した時点で、Bさんは自己破産相当であったのですが、無理に司法書士は効果のない任意整理をしたのです。お金を取ってやろうとして

いたと疑われてもおかしくない行動です。その後、Bさんは私の相談でこの事実を知り、所属の司法書士会へ異議の申し立てを行いました。司法書士会はBさんの訴えを認めたものの注意だけに留まり、Bさんはさらに弁護士に依頼をして自己破産をする破目になりました。

[法律家を選ぶポイント]

一般的に都会の法律家は債務整理に慣れていて、地方に行くほど債務整理は不慣れである傾向がありますが、それも一概には言えません。では、どのような法律家に依頼すればいいのでしょうか？　次のような点がポイントになります。

- 口コミやインターネット等で情報を集め、できるだけ債務整理に慣れた法律家を選ぶ。
- 法律家自身に直接会えない事務所は危険。
- 依頼料の高い・安いは、業務の質と関係ない。
- 説明ができない法律家は危険。
- 何より親身になってくれる人を選ぶ。
- 法テラス（日本司法支援センター）等を利用して調べることもできる。

まずは、周囲の口コミやインターネット等でできるだけ債務整理の経験の多い法律家を探すことです。やはり経験が多いとどんなイレギュラーでも対処が早くダメージが少なくて済みます。順風満帆な債務整理は少ないのでこれは重要なことです。しかし、有名な法律家でも依頼する前後に本人に会えない所は危険です。通常はパラリーガルや補助員と呼ばれる事務員が最初の対応をします。しかし、その事務員は無資格であるために法律行為ができないのです。ところが、一部の事務所ではそのまま弁護士に会えずにこの事務員がすべての手続きをする所もあるのです。これはとても危険です。すべてとは言いませんが、やはり法律家本人と会ってみて意見を聞くことが大事です。

法テラスでも法律家を紹介してくれます。遠くまで出かけることが難しい場合には近隣の法律家に頼るしかない場合があります。法テラスでは、詳しく情報を知ることができます。しかし、法テラスや弁護士会は弁護士個人の業務内容や信用等に一切関知しません。また、紹介した法律家に対しても責任を負いませんから「法テラスから紹介されたから」といって100％信用はできないので注意が必要です。
　依頼料にも間違ったイメージがあります。法律家の依頼料は法律家自身が勝手に決められるようになっています。ですから「高いほうが安心ができる」などとブランド・イメージで決める方が多くいます。しかし、実はこれは間違っているのです。仕事ができることと依頼料の関係はまったくありません。
　そして、たとえ法律家本人と会えてもそれだけではダメなのです。法律家の多くは説明をするのが下手です。素人ではよくわからないことがあります。その説明を求めても下手は下手なりに説明をするのが普通でしょう。しかし、その説明などを一切しない法律家もいます。そんな法律家に依頼すると後々のトラブルの原因ともなりますし、イレギュラーの対応でも安心感に違いが出てきますから注意しましょう。
　まず何よりも「親身になってくれる方」を探しましょう。どの都道府県でも必ず1人はいるはずです。やはり何事も自分のためにしてくれる方を最終的には探したほうが良いのです。どうせお金を払って依頼するのですから。

［弁ハラ（弁護士ハラスメント）］
　私が弁ハラと言っているパワー・ハラスメントがあります。弁護士は昔、聖職とされていました。しかし、今では他の士業と同様にサービス業となっているのです。ところが、難関な司法試験に苦労して受かっているからか少々勘違いしている方がいるのが現実です。
　特に多いのが横柄な方です。弁護士は口下手・説明下手な方が多いの

ですが、横柄とはちょっと違います。また、信じられないことを言ってくる方も論外です。こういったケースも多いので注意しましょう。弁護士だからと我慢をしていてはいけません。そして、そういう法律家には、絶対に依頼をしないこと、これが大切です。著しく権利を侵害された場合は、所属の弁護士会へ訴えましょう。

　弁護士はサービス業ですから、レストランやホテル等を選ぶ時と同じ感覚でいてください。本当に自分が依頼してもいいのか？　親身になってくれるか？　そして何より後悔をしないか？　これが大切です。

7　法律扶助制度

　さて、法律家に依頼する必要が出てきた時に真っ先に心配になるのは依頼に必要なお金です。お金がないと法律家へは依頼はできません。しかし、それでは憲法で保障されている個人の法律行為の自由を奪ってしまうこととなります。

　そこで、国と日本弁護士連合会・日本司法書士会連合会等が協力し「法律扶助制度」を運用しています。これは、法律家に依頼する際に必要な「着手金」を全額、国が肩代わりしてくれる制度です。後で返済はしなくてはなりませんが、無利子で月々の支払いも1万円程度（年金生活者・障害者等は5千円程度）と格安で無理がありません。この制度を利用するには以下の基準が設けられています。

(1)　法律扶助制度の適用基準
・勝訴出できる見込みがあること（自己破産なら免責決定が、個人再生なら計画書の承認がされること）
・個人の資力が資力基準（既婚者の場合は配偶者の資力も含む）を超えないこと（生活保護受給者・年金生活者・各種障害保険が適

用される方・無職の方でも申し込むことができます）
・制度自体が、正しく使われること（職権乱用事案、売名行為などの場合は不可）

[資力基準]

	月収	ただし、申込者及びその配偶者が家賃や住宅ローンを負担している場合は、以下の額を限度に負担額を左記の基準額に加算することができます
単身者	182,000円以下	41,000円以下
2人家族	251,000円以下	53,000円以下
3人家族	272,000円以下	66,000円以下
4人家族	299,000円以下	71,000円以下
1人増ごとに	30,000円加算	3,000円加算

※日本司法支援センター作成の表をもとに著者が作成。

(2) 申請する所と注意点

申請は、お近くの各都道府県の弁護士会・司法書士会（支所も含む）、法テラスで受け付けています。一度予約を取って、出向いて申請を行う必要があります。

ただ、都道府県ごとに予算の制約があったり、審査のスピードを考慮して1か月の申込み人数を制限（財団法人法律扶助協会本部による電話取材への回答による）している所もありますので注意が必要です。基本的には申請があり、基準を満たしていれば制度を受けることができますが、申し込む際に一度問い合わせてみてください。

(3) 審査期間と弁護士選任

審査期間は各都道府県でも違いますが1週間から1か月が目安です。そして、審査が通れば法律家が選任されます。この時の注意点ですが、

先に弁護士会や司法書士会に申請をすると無作為に法律家が選任されます。別に問題はないのですが、「やはり自分で法律家を選びたい」という方はその地域で活動をしている法律家に相談をした上で、法律家を通して申請するということもできます。どちらが良いというわけではありませんから自分の好みで選ぶと良いでしょう。

　法律扶助制度は（国による制度にしては）たいへん温かい制度です。困っている方を見殺しにしない姿勢が私は共感できます。また、債務整理だけでなくすべての法律行為に対応していますので、離婚問題や相続問題・各種訴訟にも使うことができます。私はこの法律扶助制度を心から応援しています。

▷▷コラム：差し押さえは赤紙ペタペタ？

　さて、私の所に来る相談者で財産を持っている方のほとんどが口にする言葉があります。それは、「**差し押さえって赤紙をペタペタと家中貼られるんですか？**」という質問です。

　確かに、差し押さえを受けて競売にかけられる動産（自動車・バイク・船舶や処分可能な財産）に関しては「票目標（封印票）」というものが貼られる場合があります。これは３ｃｍ×６ｃｍ程の小さなシールで、裁判所は白、税務署は赤です。これを貼る時は、目立たない所に貼って行きます。また、税金を滞納した時に、高額な財産を差し押さえる場合には、差し押さえる物品名を書いた「差し押さえ財産目録」も貼られる可能性はあります。ですから、裁判所が命令を出した時に、執行官が来て財産になる物を物色して赤紙をペタペタと貼っていくのは「ウソ」なのです。お隣の韓国ではよくニュースでそういったシーンが報道されていますが、日本は違います。

ただし、債権者があなたの財産を調べて、売価21万円以上の処分できる財産を持っていて、借金を返さない状態である場合は、執行官が来てこの「票目標」を貼っていく可能性があります。この行為が「赤紙ペタペタ」のイメージを植えつけるのでしょう。あらかじめ債権者が財産をハッキリと把握していた場合のみ、差し押さえは実行されますから、税金を滞納した場合とは違うのです。

　しかし、この話を信じて必要以上に怖がっている方も多くいます。特に経営者の方やそのご家族です。なかには借金そのものよりも赤紙のことが頭に浮かんで夜も眠れないと言った方までいます。それらを差し押さえは、生活必需品や食料・燃料等に対してはできませんし、差し押さえすることはありません。「冷蔵庫やテレビが差し押さえられたら……」と言った主婦もいました。

　そんな**ウソに惑わされずに**債務整理に必要なことを着々と準備してください。

第4章
相談例に見える再起への道

1　はじめに

　私たちのもとに寄せられる借金の悩みは、年間平均で1,500件（2007〔平成19〕年の実績。2008〔平成20〕年は3月までで600件を記録）にものぼります。地方、職業、立場の違いはあるものの、そのほとんどは今まで誰にも打ち明けることができなかった方からの真剣な相談です。人は誰しも「自分は特別である」と思っています。相談に来る方もしかりです。でも実際は、特別な人間なんてほとんどいません。そうです、あなたと変わらないのです。

　そして、多くの方は、**勇気ある一歩を踏み出し再起を果たしています**。以下は、私たちが受けた多くの相談例の中から、私にとって思い出深い事例をご紹介します。どのように悩み、アドバイスを受けて再起していったか、お読みいただき、あなたも勇気をもらってください！

　なお、ご紹介する事例は実際の事実を適宜変えています。これは相談者の保護のためです。私たちは相談を受ける際、匿名で受け付けていますので身元が判明することはないと思いますが、念を入れての措置です。また、一部不明な事実については、私の想像・推測を交えて表現していますので不自然なところもあるかとは思いますが、ご了承下さい。

2 母を思う息子の挑戦！　[主婦・50代・任意整理]

　ある日、私の日課となっているメール確認をしていると、ある1通のメールが目に止まりました。その書き出しには、「この弁護士は本当に大丈夫でしょうか？」とあります。「何か弁護士とのトラブルかな？」私は早速、内容を確認することにしました。

　メールの差出人は息子さんからで、お母さんの借金の整理についての相談でした。息子さんは就職後、別の場所に住んでいたので、最近まで母親の借金には気が付かなかったそうです。お母さんの借金を知ったのは、実家に帰ったときに偶然かかって来た弁護士からの電話でした。すでに、お母さんは弁護士に債務整理の依頼をしていたのです。彼は「なぜ借金をしたのか？」と詰め寄ったそうですが、お母さんは「ごめんね」という一言だけしか最初は話さなかったそうです。しかし、彼は、お母さんを心配して必死で説得をし話を聞き出しました。

　お母さんは、彼が小さい時に夫と別れ、女手一つで息子さんを育ててきました。しかし、今とは違い女性の職場進出がそれほど進んではいなかった時代、賃金も低くまた就くことができる職も限られていたので、たいへん苦労したということです。何か高額な物を買ったわけでもないのですが、生活のために少しずつ借金は増えていき、気が付けば250万円になっていたのです。若い時は、仕事を2つ3つと掛け持ちし、返済していましたが、最近では腰を悪くし、そのために仕事に行く回数が減り、だんだんと借金の返済が苦しくなっていきました。そんな折、仕事場の近くにある弁護士事務所の看板に、「債務整理」と書かれてあるのを見つけ、そこに依頼をしたということです。しかし、依頼から1年半経った今も弁護士から連絡は一切なく、それがどうなったのか心配し、弁護士に連絡を取ったのだということでした。そのお母さんの問い合わせに対して弁護士が掛けてきた電話が、偶然彼が取った電話だった

のでした。

　メールには初めてのことで不安な気持ちや、弁護士への不信感が綴られていました。しかし私が心を打たれたのはお母さんに対する息子さん自身の自責の気持ちでした。自分を育てるために苦労したお母さんが借金をしたことに、最初は激しい怒りが込み上げたそうですが、それは自分が学生の時にわがままを言ったりした結果ではないのだろうかと思うに至りました。就職した後も自分のためにばかりにお金を使っていたのではないか。息子さんの真摯な態度に、母をすでに失っている私は感銘を受けました。

　私は、すぐにメールを返信しました。実は、弁護士には時間にルーズで説明も下手な方が多く見られ、私たちに対する相談の事例でも飛び抜けて多いのが「時間がかかりすぎるのではないか」ということなのです。多くの場合は、少しずつですが債務整理のプロセスは進展しているものです。また、任意整理の場合は時間も結構かかることがあります。しかし、気をつけなければならないのは、依頼した弁護士が「**怠慢弁護士**」の可能性があることです。怠慢弁護士の場合には悪質で、簡単な仕事は催促されるまで放置したり、忘れたりするのです。時間がかかっているとしても、それがルーズな弁護士である場合と怠慢弁護士である場合とでは、天と地との差があります。そのことを確認するために、彼に弁護士と面会することを勧めました。任意整理の場合、いくつかのポイントを弁護士に対して確認することによって、その弁護士が今、どこまでやってくれているのか、を知ることができます。私がよくアドバイスする、そのポイントとは以下のとおりです。

- 引き戻し計算をした書類を見せてもらう（依頼した仕事にかかっているのならば、計算をした書類があるはずです）。
- 今の進行状況を聞く（何件の債権者と交渉しているのかなど）。
- 時間がかかっているのは、何が障害になっているからなのかを聞

く。
・期間はどれだけかかるのかを聞く（交渉が決裂したら最終的には、裁判〔不当利得返還請求訴訟〕になるので余計な日数がかかることはまずない。かかっても1年程度）。

　彼は早速メールを返信してきました。弁護士と会ってきたそうです。結果はやはり怠慢弁護士の可能性が高いというものでした。実は、お母さんの借金は5件あり、弁護士はその5件すべてについて、交渉が難航していると返答しました。引き戻し計算をしている書類がある様子はなく、時間がかかりすぎているのではないか、という質問にも、誠意のある回答は引き出せず、とても信用できないと思ったそうです。

　「どうすればいいのでしょうか」電話口の彼は真剣な声で質問をしてきました。私はいくつかのパターンを想定して返事をしました。ていねいに、わかりやすく話すことを心がけました。そして、話し合いの結果、このまま泣き寝入りをして別の弁護士に依頼するか、その弁護士に交渉をして早く任意整理を終らせるか、最終的にはこの2つの選択肢に絞られました。彼は「こんな弁護士がいるのは納得ができないから」と弁護士に交渉するほうに決めました。ここから彼の挑戦が始まります。

　この弁護士は債務整理の実務がほとんどわかっていないのではないか？　私はそう思い、彼に所属の弁護士会に相談するようにアドバイスをしました。弁護士会がことの重大さをわかっているのなら何らかの手立てを打つかもしれない、そう踏んだからです。しかし、ほとんどの場合は徒労に終る結果となりかねません。弁護士会はこう言ったトラブルに関わろうとしない傾向があることが過去の経験からわかっていたのです。でも、彼は勇気を出して弁護士会に乗り込んでいきました。弁護士会という場所は、一般の人にとって、おそらく一生に一度行くか行かないか、というところです。彼にしてはたいへんな冒険だったでしょう。私は連絡を待つことにしました。

電話がかかってくる予定の時間を大幅に過ぎて、やっと彼から電話連絡がありました。非常に張りのある声です。交渉は大成功だったという返事でした。弁護士会が動いてくれた貴重な事例です。実は、この弁護士には他の依頼者からも過去に同様の苦情が寄せられていて、弁護士会としても何とかしなければと思っていたということでした。弁護士会の方針としては、やはり弁護士本人の仕事に対しては、口出しはあまりしたくないとのことでしたが、一度、本人を呼んで話を聞き何らかの方法を取るという回答でした。また、債務整理も責任を持って解決するとも言ってくれたそうです。喜びに満ちた報告とともに彼の挑戦が終わりました。

　後日、弁護士会からの返答が彼のもとにありました。別の弁護士が依頼した弁護士のサポートに入り任意整理を開始したというものです。これでお母さんの長く続いた不安も解消されるに違いありません。勇気ある息子さんはその後、実家に戻りお母さんと同居しています。最後に、電話で彼は私にこう言いました。

　「小さい時からお金がなく貧しい生活をしていました。中・高校生の頃はそれが原因でいじめに近いことも周りからされました。それが全部母のせいと決め付け、今までわがままを言い続けていました。しかし、今回の件で母がした借金は、すべて私のためだったと気が付かされました。そんな母に申し訳ないという気持ちで、それが勇気に変わりました」と。

　借金は、多くの場合、人間関係を冷たいものにしたり、あるいは壊したりします。でもそれを怖がって黙っていてはいけないのです。何か声をあげなければ、一歩前に進まなければ何も勝ち取れない。そのことを再認識させられた事例でした。

3　お人好しの夫の奮起!［会社員・50代・個人再生］

　真面目で気が弱く、絶対に誘いを断りきれない人、そんな周りに必ずいそうな「とても人の良い」方の相談です。

　それは「あの、夜逃げっていいことでしょうか？」そんな電話の一声から始まりました。夜逃げをしようとする人は、私の経験上、無責任か気が弱いかのどちらかのタイプが多く、この人は後者だなと私は直感で思いました。しかし、夜逃げをして良いことは1つもありません。むしろ毎日、借金取りの恐怖に怯え、保険証や身分証もないため、ちゃんとした仕事や病院にも行けない地獄の日々が待っています。私は、そのことをきちんと伝え、思いとどまるように説得をしました。ところが、もっと詳しく話を聞くと、電話の向こうの男性は、次のようなことで悩んでいたのです。

　この方は、妻と娘の3人家族で念願のマイホームのローンもやっと半分返済できたところでした。それほどぜいたくもせず「幸せな日本の平均的な家庭」といった感じがします。しかし、2年前に悩みの種が撒かれます。発端は、友人との「共同出資の事業」を始めることでした。強引に友人から誘われ続け、この方は断りきれず、600万円の連帯保証人となったのです。当初、友人は3年で600万円を返済できる計画を立てていて、「絶対に迷惑はかけないから」と言われたそうです。ちょうど娘さんが大学を卒業した直後だったので「友人だから」という考えで渋々連帯保証人のサインをしてしまいました。

　彼が言うことには、「連帯保証人というのはなるものではない、この時はそれがわかりませんでした……」。

　友人の事業は、最初はとても好調で安心していました。そして、何も問題がないまま2年が過ぎようとしたある日、1通の通知が彼のもとに届きます。それは債権者からの通知でした。「支払いが滞っているので

連帯責任を取ってもらう」という内容でした。彼はたいへん驚き、友人に連絡を取ります。しかし、この時すでに友人が自殺しているという事実を知ったのです。友人の妻は憔悴しきっていて、事業の後始末に追われとても話ができる状態ではありませんでした。「目の前が真っ暗になるってこういうことですね」とその時の心境を彼は語ってくれました。友人は生命保険をかけていましたが、遺書には残された妻への気持ちが綴られていて、それを考えると、とても自分の借金を返済してくれと言えなかったそうです。この人はその日から悩みに悩んで家族にも打ち明けられず、ついに夜逃げを考えました。以前見た映画が頭に浮かんだそうでした。でも、その前に勇気を出して私たちに相談をしたというわけでした。

　借金の額面は、500万円。借金総額の600万円のうち、100万円は友人が返済していたのですが、このことからも友人の事業がすぐに暗礁に乗り上げていたことがわかります。彼も、友人は相当悩んでいたに違いないと同情していました。なんて人が良いんだろう、私はあきれるのを通り越して感心すらしました。自分を陥れた友人を最後までかばっていたのですから。私は、それまでの話を聞き、持ち家を残すことができる個人再生を彼に勧めました。せっかく苦労して手に入れたマイホームを手放すのは忍びないし、この人には住み続けてもらいたいと考えたからです。そして、もう1つ勧めたことがあります。家族にありのままを話すということです。個人再生は、弁護士に依頼する必要があります。そして、地方裁判所にも行かなくてはいけません。日常の生活と違うことが次々と起こります。ですから、家族には嘘をつきとおすのはとても難しいと説得しました。そして、何より家族が自分の最後の味方になってくれるのです。

　債務整理は、特に家族を持っている人にとっては、自分のためだけではなく、**家族のため**にすることが多くの場合、勇気の源となります。私

は、彼が気にしていると思われる債務整理にかかわるデマやウソを、できるだけ正確な情報を話すことで払拭してもらいました。そして、家族に安心してもらうことが第一と考えました。人生の一大事、それも自分の人の良さ、意気地のなさが招いた結果です。とても悩んだ末、彼はすべてを家族に話し、債務整理を行う決意をしました。

　数日後、私のもとに彼からの電話が来ました。何度も家族で話し合い、私たちのウェブサイトも繰り返し見たそうです。そして、いろいろと調べるうちに、私の言っている意味が家族に理解できたということでした。家族は味方になってくれていました。ここまでくると、それほど時間はかかりませんでした。まずは弁護士探しです。平日しか弁護士事務所は開いていないので、彼の妻が代わって探してくれました。とにかく過去に個人再生をしたことがある弁護士で「信頼できそうな人を」という私のアドバイスに、方々を探して適任者を見つけました。連帯保証した借金が500万円と、彼自身がもとからしていた借金150万円を足して総額650万円を整理します。ここからは、弁護士の仕事です。債権計画書がうまく書きあがれば、再起への道はそれほど遠いものではありません。私は待つことにしました。

　4か月後、彼から電話が来ました。喜びの報告です。弁護士は2種類ある個人再生のうち、「小規模再生」という方法をとり（これは、彼の返済額が少なかったからです）借金を圧縮し、650万円の借金は135万円になったとのことです。これを3年で返済することになりますが、彼の収入から考えても無理のない金額です。住宅ローンはそのままでマイホームも守ることができました。その時点では、まだ計画が地方裁判所に認められた段階で手続きはもう少しあり、完全に解決ではないのですが、これ以後の異議申立てが債権者から行われることは少ないのでもう安心です。

　この人のように、人に頼まれて断りきれずに、または安易な考えで連

帯保証人になるケースが後を絶ちません。しかし連帯保証人には不利益しか残らない場合が多く、しっかりと考えて契約をして欲しいと思います。そして、時には相手が友人、家族であっても断る勇気も持っていただきたいと思います。

4　ドメスティック・バイオレンスで離婚したシングルマザー［無職・20代・自己破産］

「私、子どもの首を絞めかけたんです……もう怖くて怖くて……」。この電話はとても鮮明に覚えています。

　数ある相談の中でも、これほど緊張した相談は初めてでした。私が、代表に就任してからしばらくは、彼女のようなシングルマザーからの相談が相次いでいました。中でもこの相談は印象深いものでした。

　私は、事がことだけに場合によっては、警察に通報し、保護してもらうことも視野に入れて相談を始めました。彼女は、とても混乱していて最初ははっきりとしたことはわかりませんでした。私は、落ち着くように促し、30分ほどしてからようやく彼女は自分自身のことを話し始めました。彼女は、現在300万円の借金を抱えていました。それは自分がした借金ではなく別れた夫の作ったものでした。彼女は、2年前に結婚しました。当初は、結婚生活はうまくいっていたそうですが、夫の酒癖が悪く、それを注意したところ激しい暴力を振るわれるようになっていった、ということでした。初めは酒を飲むと暴力を振るっていたのですが、その後、酒を飲んでいなくても彼女に暴力を加えるようになりました。酒、暴力、浮気、ギャンブル、借金……。ばかな夫に愛想が尽き始めていました。

　彼女は、必死に耐えていましたが、子どもができたことをきっかけに離婚を決意しました。「子どもがあの人に殺されかねない」と思い、子

どもを守るための離婚でした。協議の末、離婚は成立しましたが、夫が彼女名義でした借金はそのままにすることが条件でした。彼女はそれでもいいから早く離婚をしたかったのです。

　離婚後、夫の恐怖からは逃れられました。しかし、子どもを出産すると、状況は彼女の思っていたこととは違う方向に動きました。想像以上に育児が大変だったのです。もともと、彼女も母親だけで育てられました。ですから、片親の大変さは母親を見てわかっていたつもりでしたが、考えが甘かったのです。毎日が睡眠不足でした。片親で子どもを育てていくことは、こうも大変なことなのかと彼女は初めて実感したのでした。誰か助けて欲しい、そういう気持ちが日に日に大きくなっていきます。しかし、自分の母親も最近病気がちで、無理は言えないという状況でした。そして、働こうと思っても乳児を抱えては働けない、ついには生活費さえ底尽きました。睡眠不足、育児ノイローゼ、生活への不安、別れた夫の借金の返済、彼女にとっていくつもの大きな壁が立ちはだかっていました。そして気がつけば、「**うつ病**」を発病していました。

　毎日が地獄の日々、自分は食べなくても子どもにはミルクをやらなければいけない。その使命感だけで彼女は生きていたようなものでした。母親は気分が良い時にやってきてはお小遣いを置いていってくれました。そのお金と母子家庭への公的扶助だけで親子は生きていました。子どもに何かあってはいけないと電気とガス代だけは何とか支払っていましたが家賃、電話代、そして借金の返済は滞っていました。そのうち、部屋に誰かが来たり、手紙が来るのが怖くなっていきます。不眠、抑え切れない恐怖感、どうしようもない脱力感、うつ病はどんどんひどくなっていきました。「自分が自分ではないみたいでした」とこの時の状況を彼女は語っています。

　すでに限界がきていました。そんな生活の中で事件は起きました。無意識に子どもの首を絞めようとしたのです。人間は追い詰められると通

常は想像がつかないような行動に出ることがあります。彼女もそうでした。しかし、彼女は途中で我に帰り、子どもは難をのがれました。「自分は何てことをしようとしたんだろう……」彼女は強い自責の念にかられます。「少しのお金さえあればこんなことはしなかった」と彼女は思ったそうです。そして不意にあることを思い出しました。それは過去に生活保護を受けようと申請に行った際、役所の窓口で言われた言葉でした。「借金の返済のために生活保護は受けられません。借金で苦しいのなら債務整理してから申請すれば良いですよ」。

「このままでは自分は何をしてしまうかわからない」彼女はすぐに母親にすべてを話しました。母親はまさか彼女がここまで悩んで追い詰められていたとは思ってもいなかったそうでした。でも自分の薄給では到底生活はできません。せめて生活保護を受けられるようにしてやりたい。そう思って、携帯電話で相談ができるところを探してくれたそうです。そして私と出会ったのでした。

私がアドバイスしたのは、「**自己申し立て自己破産**」という方法でした。彼女に財産はありません。また、返済も滞っているので任意整理や特定調停も役には立ちません。ですからこの方法がベストではないかと考えました。ですが自己申し立ての場合、申請書類はすべて彼女が書かなくてはなりません。書類集めや地方裁判所に行くこともすべて自身でしなければならないのです。病気の彼女にできるか心配でした。でも彼女は「子どもを守るためならやります」と決意してくれました。彼女の闘いが始まりました。弁護士法があるので私は手出しができません。しかし、私が書いたウェブサイトを携帯電話で見て勉強し、わからないことは直接電話でやり取りをしました。気分がすぐれない時は何日か寝たきりになっていましたが、苦しい時は子どもの寝顔を見て必死で頑張ってくれました。そして、1か月で何とか書類を書き上げました。

実は、この時期、彼女と同じようにドメスティック・バイオレンスに

よる離婚を経験し、夫の借金を背負っていた相談者の方がほかに2人いました。ウェブサイトの掲示板上での相談だったので、その人たちの声援も彼女の力になっていたようでした。また、彼女も掲示板で他の人を励ましてくれていました。そして、彼女がいち早く自己破産の申請をすることになったのです。申請日当日、地方裁判所に出向いた彼女は3時間程度で帰ってきました。いろいろとチェックを受けたそうですが、無事に申請は受理されました。地方裁判所の書記官が対応してくれ、女性の書記官で「大変でしたね。免責の合否はこれからなのでお答えできませんが、これで一安心ですよ」と言ってくれたそうです。「とても身にしみて思わず涙が出た」と電話口で今まで溜まっていたものが爆発するかのように、彼女は泣き崩れていました。彼女は立派にやり遂げたのです。

　その後、彼女は生活保護を申請し受理され、そして、うつ病を治療すべく通院を始めました。生活は格段に良くなり、この制度のありがたみを感じているようでした。そして自己破産は4か月後、免責確定を受け終焉しました。その喜びを彼女は掲示板に書き綴っています。「**本当にありがとうございました**」こう結ばれた文面からはもう二度と間違いは犯さないという決意が見て取れました。

　彼女のようなシングルマザーは全国に大勢います。相談の件数でもいつも上位に入っているのです。職場の男女共同参画とうたっている現代ですが、仕事の面でまだまだ格差は大きく、彼女のように小さい子どもを背負っての就労は困難を極めます。少子高齢化の世の中に歯止めをかけるのにはこういった問題をどこまで国家・民間レベルで解決できるかが鍵となるのではないのでしょうか。すべての女性が**子育てを安心してできる社会**にしたいものです。

5　目指せ！　老後の平穏な生活 ［無職・60代・自己破産］

　2005年、この年は「自殺」がキーワードだった1年でした。特に、団塊の世代の方からの相談が相次いだ年でもありました。定年、マイホーム、借金、さまざまな不安要素がある人が多く、とても「余裕のある老後」とは言えない状況でした。また、債務整理に限っては、さまざまなウソやデマが多く氾濫し、それが弊害になっていて債務整理ができない人が多くいます。この方もその1人です。

　「夫婦揃って自殺を考えています。でも本当は死にたくはありません」という電話から今回の相談が始まりました。自殺とは穏やかではありません、きっと悩みぬいて精神的に疲れている人だと直感しました。私は、いつもより慎重に相手の情報を聞き出しにかかりました。

　この人はとても真面目な人でした。そしてきちんと人生の計画を立てていた人でした。今までとても幸せな家庭を築いてきた、そんな印象です。この人はある建設会社に勤めていたのですが、夢であったマイホームを建て、子どもも結婚し独立。あとは悠々自適の老後を過ごすことを夢見ていました。

　そこで早期退職を希望します。会社の制度で早期退職をすれば有利な条件で退職金を受け取ることができるからです。そしてその退職金で家のローンを完済し、残りは年金をもらうまでの生活費にするつもりでした。また、この人は再就職先も決定していました。今までの自分のノウハウを活かせて65歳まで働ける会社です。順風満帆な生活の設計でした。

　しかし、予期せぬことが起こりました。その地方を2度に渡り襲った、大型台風の被害です（実は、私の実家でも多大な被害が出ていましたから共感できました）。家はたいへん大きな被害が出たということでした。修理をしなければ住むことができなくなりました。しかし、この

人の家は全半壊ではなかったため、行政の助成金などが受けられず、修理費はすべて自分で捻出しなくてはならなくなりました。また、時を同じくして妻が病気で倒れてしまいます。悪いことが重なったのです。

　家を抵当に入れて何とか資金を捻出し修理を開始します。そして、就職先で仕事をしながら妻の入院している病院に通う日々。真面目な性格であったために、手を抜かず無理をしながらの毎日でした。それが祟ったのでしょうか。自分も重度の過労と持病の糖尿病が悪化し、倒れてしまいます。そして妻ともども数か月入院しなくてはならなくなりました。せっかく決まった職場はこのことによって辞めざるをえませんでした。

　数か月後、夫婦は退院をし修理された我が家に戻ってきます。しかし、すでに退職金は生活費と修理代の返済に取り崩され、減り続けている状態でした。このままでは資金が底を尽きてしまう。夫婦は必死に再就職先を探します。しかしこの不況の世の中、なかなか安定した働き口は見つかりません。夫婦は自己破産を考えました。破産をし借金を整理すれば、夫婦２人分の生活費ならば何とかパートの給料でまかなえると思ったからでした。この時の判断は決して間違ってはいませんでした。この時点で自己破産を実行しておけば何も問題はなかったのです。しかし、その決意に横槍を入れる人がいたのです。

　ある日、すでに退職をした職場の同僚がこの人を訪ねてきます。退院祝いの挨拶でした。この人と同僚はとても仲が良く、会社でも**何でも話せる**数少ない友人であったと言います。また、この同僚は建設会社でも**法律関係に詳しい部署**にいたので思い切って自己破産のことを聞いてみたのでした。するととんでもない答えが返ってきました。

　「**自己破産？　それは絶対に止めた方がいいよ！　非国民になるんだからな!!**」

　この同僚はこう答えました。そして自分が知っているという自己破産

の知識を並べ立てました。
- ・自己破産すると戸籍に印が付いて孫の代まで非国民として扱われる。
- ・選挙権がなくなる。
- ・近所に自己破産した事実が知らされる。
- ・新聞に大きく自己破産者の名前が載る。
- ・息子の会社にも連絡が行く。
- ・孫の学校にも知られて進学がうまくいかなくなる。

同僚はこんなことをさも得意げに話しました。相談者と妻は恐怖で身が切られる思いでそれを聞きました。無論**すべてウソ**ですがこの時の夫婦には、それがわかりませんでした。そして自己破産をすることを諦めてしまいました。その**自称法律に詳しい**同僚の意見をすべて鵜呑みにしてしまったからでした。

それからはパートをしながらの苦しい生活を強いられました。今まで借りたことのなかった消費者金融からも借金をして生活をしていました。でもいつしか退職金も底を尽き、返済も滞っていくようになります。「息子夫婦や孫には絶対に迷惑はかけない」その思いから必死で頑張ったのですが、ついに行き詰ってしまいました。

そこで、息子たちに迷惑をかけるより自殺してその保険金で借金を支払おう。そう考えるようになっていきました。夫婦はいつ死ぬかを真剣に考えるようになっていきました。そんな折、妻が孫の保育園での記録を調べるために以前、息子からもらったパソコンを使っていたことを思い出しました。「本当は死にたくない」という思いで、苦手なパソコンを必死で操作し、やっと辿り着いたのが私たちのNPOのウェブサイトでした。

「夫婦揃って自殺を考えています。でも本当は死にたくありません」電話のこの言葉がすべてを物語っていました。私は、まず同僚の言った

ことはすべてウソであると伝えました。この人は聞いたとたん愕然としていました。同僚も悪気があって言ったことではないとは思います。しかし、債務整理、特に自己破産ではこう言ったウソやデマが世の中に多く蔓延しています。そのために精神的に追い込まれ自殺や犯罪を行っている人も多くいるのです（だから、この同僚のように**法律を知らない人間が知ったかぶりをするのは危険**なのです）。そして、私は、自己破産が妥当ではないかとアドバイスをしました。借金の総額が800万円、しかし、不動産の価値は土地のほうにしかなく、相殺ができなかったからです。正しい自己破産の知識を説明をしました。自己破産をすると残念ながら家は失います。しかし、自殺をするよりも何倍も良いはずです。この方は素直に受け入れてくれました。

　その後、この夫婦は息子さんの援助を受けることになりました。弁護士の依頼料を支払えないからでした。息子さんは、両親がこれほどまで追い詰められていることをまったく知らず本当に恥じていたということでした。私は、真面目な親には真面目な子が育つんだなと感心しました。弁護士も良い方に当たり、何も問題なく自己破産は手続きを終えました。家は失いましたが、この夫婦は子どもと孫に囲まれての幸せな老後が待っていることでしょう。

　私はいつも考えます。なぜ、法律にかかわるウソやデマが蔓延するのか？　そしてそれを信じてしまうのかを。私たちのもとに来る相談の中でも、ほとんどの方が大なり小なりそれらを信じています。この事例は、その典型と言えます。法律がわからないというのではなく、人生の一大事であるならば少しは自分で調べられるものです。情報が溢れている現代では、わかりやすく説明をしている本もインターネットもあるのですから。それでもわからないときは、素人の意見を鵜呑みにせずプロに相談してください。そこまで必死にならなければダメなのです。

　自分の人生の舵は絶対に人に預けてはいけません！　自分で漕いでい

くものなのです!!

6　夫婦の絆［会社員・40代・自己破産］

　この相談は私が、地元テレビ局の取材中にウェブサイトの掲示板にみつけたものでした。掲示板には「心中」の文字があります。私だけではなく、隣にいた記者さんも一気に緊張をしたことを覚えています。それほど内容は緊迫したものでした。その後、何度となく掲示板でやりとりをし、最終的に電話での相談となりました。

　相談は、ある夫婦の妻からのものでした。約300万円の借金があり一時期は自殺や一家心中を考えていたそうです。でも、なぜ300万円でそのような行動をとろうとしたのか。確かに少ないとは言えない額ですが、一般の家庭ならそれくらいの借金はよくあることです。相談はなぜ「自殺をも考えるほどに深刻なのか」という点から始めました。

　この夫婦は、もともと商売をしていましたが、このどん底の不況の最中、倒産を経験しました。そのショックから相談者である妻がうつ病にかかってしまいます。夫にとって、倒産の混乱の中、妻の看病と一家の主として、生活費を稼ぐことを同時にしなければなりませんでした。それは苦しかっただろうと思います。でも、家族の協力もありました。この夫婦には2人のお子さんがいらして、夫婦を助けてくれていました。その甲斐もあり、夫はある会社に就職を果たします。それをきっかけに相談者の方の病状も日に日に良くなっていきました。この時は再び家族に笑顔が戻ったかに見えたのでした。久々に順風満帆な日々。それは何ものにも代えがたい時間でした。しかし、その日は突然訪れます。夫が突然、行方不明になってしまったのです。

　そして、しばらくして、ご主人は自殺未遂をして病院に運ばれました。再び、ご主人が家族の前に現れたのは病院のベッドの上でした。彼

女も子どもたちも何が起こったのかすら把握できない状態のまま病院に駆けつけました。その時は、傷も浅くすぐに退院できました。しかし、夫は、退院してすぐに再び自殺未遂をしてしまいます。専門医の診察で重度のうつ病であると診断され、一時的ではありましたが生命に危険があるため、隔離病棟で生活をすることとなりました。すでに家族は疲れきってしまっていました。家族には、父親がなぜ自殺をするのかがわからなかったのでした。

　そんなある日、相談者はある異変に気が付きました。それは身に覚えのない消費者金融からの督促状でした。「何で送られてきたのだろう？」夫が借金をするようなことは言っていなかったので、不信に思った彼女は家中を探しました。契約書等を探し出すと、夫のした借金が300万円であることがわかったのでした。この時、彼女は夫がなぜ借金をしたのか、そしてなぜ自分に言えなかったのかをすぐに悟りました。会社の倒産による自分のうつ病が原因でした。うつ病は、その症状などが他人にはわかりづらいため、一見それほど重症には見えません。しかし、患者さんによっては、どうすることもできないほど抑え切れない衝動に駆られます。不眠、拒食、喜びの感情の低下、集中力の低下などが初期の症状ですが、まるで自分が自分でないような感覚が続きます。とめどなく続く不安、人への不信、そしてそれがひどくなると強い自殺願望にも至ることがあります。特に責任感が強く、真面目な人ほどなる可能性が高いと言われる病気です。

　彼女は、自分がうつ病でとても苦しいときに、引越しは無理だからと高い家賃の家にそのまま住み続けてくれたりと、看病と生活の安定に苦心した夫が、無理をして借金をしてまで守り続けていたことに感動しました。そして、真面目な夫が借金のことを今まで誰にも打ち明けられなかった、ということに申し訳ない気持ちで一杯になりました。そう考えると、今のご主人に何かしてあげられることがないのかと考え始めまし

た。そこで、「**債務整理**」をご主人に代わって勉強することを決意するのでした。

　しかし、債務整理といっても素人には何がなんだかわかりません。最初は、友人から弁護士の紹介を受けることにしました。「相談すればすべてが終わる」緊張と期待とともに弁護士事務所を訪れました。そして弁護士に今までのことを必死に訴えようとしました。しかし、その訴えは弁護士の一言ですぐに遮られました。「**奥さん、お金がなくてここに来たの？　２万用意できなければ相談もできませんよ**」と。彼女は弁護士の思わぬ言葉に呆然としました。この言葉は以後、彼女のトラウマとなっていきます。許されざる弁護士の言葉ですが、こういう法律家は驚くなかれ思ったよりも多くいます。私の関わった相談事例でも年に１割程度はこうした法律家の不謹慎な発言や行動の相談です。人の気持ちや置かれている立場がわからなくてどんな弁護活動ができるのでしょうか。決して依頼すべきではない法律家と言えます。

　さて、このような弁護士の発言に、大変なショックを受けた彼女は、もうどうしようもありませんでした。「債務整理もできないのか」そう思ってしまったのです。夫はまだ隔離されて入院しています。その治療費はおろか明日の生活費さえありませんでした。そして、「そうだ、死のう」そう考えるに至りました。生活できなければ、こんなに苦しいのならば一家で死のう、そうすれば楽になる。来る日も来る日もそう考えていました。そんなある日、１つの知らせが相談者を思い止まらせました。娘さんの結婚でした。

　夢にまで見た娘の結婚。このことがもう一度相談者を奮起させました。娘の結婚式に家族がいないという不憫はさせられない。家族揃って笑顔で祝ってやりたい。そう思ったのでした。そして、うれしい知らせはもう１つありました。夫の会社も支援を開始してくれたのでした。技術者としては一流の腕を持っている夫を会社は見捨てませんでした。

「事情があってももう一度頑張ってくれ」そうエールを送るとともに、入院している時も傷病手当を支給してくれたのでした。これは一重に今まで真面目にやって来た夫婦の努力が実を結んだのではないのかと思います。もはや「死ぬこと」を考えてはいられませんでした。娘のため、家族のため、みんなのために生きなければならないと思いました。

　そんな中で、私たちのウェブサイトを見つけたのでした。「光が見えた気がした」そう彼女は直感したようでした。話を聞いた私は、自己破産が相当であると説明をしました。その上で、ウェブサイトに書いてあることをすべて読んでもらうことにしました。彼女は、債務整理について勉強をしたいと思っていて、それから日々、知識を増やしていきました。

　2回目の電話相談の日が来ました。彼女は、私の言ったことをすでに夫に話していました。そして、自分の得た知識も付け加えつつ自己破産を促しました。そうすると不思議なことに、夫の病状は劇的に回復していったということでした。夫はすでに退院も夢ではなくなっていました。電話口で、彼女はうれしそうに話していました。しかし、その日の相談はここで止まってしまいます。それは、弁護士に言われたことによるトラウマによるものでした。この夫婦には財産はありません。しかし、夫の状態を考えれば自己破産には法律家に依頼する必要があったのでした。これについて、彼女は渋りました。「また、ひどいことを言われるのではないか」そう感じていたからでした。

　私は、電話ではやはり限界があると思い、偶然にもご夫婦の近くに住んでいた私たちのNPOの専務理事を派遣することにしました。私たちがあまりやらない直接相談をすることにしたのです。トラウマを和らげて少しでも早く債務整理をすることが再起への近道でした。夫が退院するまで待ってから直接相談が始めました。

　1か月後、専務理事から連絡がきました。それは司法書士に依頼して

自己破産の手続きを開始したという報告でした。見事ご夫婦はトラウマを跳ね除け、再起への道を歩み始めたのでした。まだ道半ばですがきっとやり遂げてくれるでしょう。そう確信しました。何者にも代えられない夫婦、家族の絆、それが原動力になった事例でした。もし、この家族が少しでもお互いに疑念を抱いていればこの再生はなかったと思っています。最後に、相談者の方が掲示板に残した実際のメッセージを紹介します。

「これ（自己破産）が通ったら春が来る。そう信じて夫婦揃って支えあって前に進み始めました」。

7　裏切りの代償 ［個人経営者・50代・自己破産］

受けた恩は時として仇になる時がある。これはそう感じた事例でした。ある日、事務所にいつものように相談の電話がかかってきました。それはたいへん珍しく若い娘さんからでした。「お父さんが大変なんです。助けてください」という言葉から始まりました。

お父さんは、ある地方の建設会社社長でした。といってもそれ程大きい会社ではありません。職人さんも10人ほどで細々とやっている状態でした。しかし、この不況の中では珍しく着実に黒字を増やしていったのです。経営はたいへん落ち着いていました。しかし、この社長には弱みがありました。

数年前に遡ります。社長は当時、この地方の大きなA建設会社の社員でした。毎日が忙しく、仕事はすこぶるうまくいっていました。しかし、ある事件がきっかけで会社を追われることになりました。その事件がどんなことかは話してはくれませんでしたが、その後、家族は生活費がなくなりたいへん困ったそうです。それを見かねて助けてくれる人がいました。同じ地方でライバルだったB建設会社の社長でした。この元

社長はしばらくこの会社にお世話になることになりました。「たいへんな事件を起こしたのに破格の給料でお世話してくれた」と、彼にとってＢ社社長は「人生の恩人」と思っていたのです。

　これが、彼の弱みとなりました。その後、すぐに独立する機会が見つかり、現在の会社を設立しました。

　ある日、彼が自分の会社でいつもどおり仕事をしていた時でした。見たことがある顔ぶれが突然訪ねてきました。Ｂ社にいた時に資材を納入してもらっていた業者の面々でした。当時、Ｂ社は、かなり高い価格で別の業者から資材を購入していました。そこで、彼の勧めによって、Ｂ社はこれらの業者から資材を今までより安く納入することになったという経緯がありました。これは、彼にとってはＢ社への「恩返し」だったのでしょう。

　さて、やってきた業者は、おもむろにこう社長に詰め寄ったそうです。「**金を返してくれ！　代金を支払ってくれ!!**」

　彼にとっては、何のことかまったくわかりませんでした。しかし、業者側の話を聞くと尋常ではない問題が生じていることがわかりました。彼がＢ社に、これらの業者を紹介した直後は、Ｂ社の経営は順調でした。しかし、彼の独立とともにこの業者への支払いが滞るようになり、現在ではまったく支払いをしてくれなくなったというのです。そこで、業者は紹介主である彼のもとへ押しかけたのでした。これは一大事だと、彼はＢ社へ直談判に行きました。「きっと自分の言い分は聞いてもらえる。業者は勘違いをしているのだろう」。そう思いつつＢ社の社長と面会をしました。しかし、Ｂ社の社長から出た言葉は思いもよらないものでした。

　「**君が勝手に業者を変えたんだろう？　正直、あの業者には困っていたんだ**」。

　まるで自分は悪くないような言い方をされました。そればかりか「今

回の責任を取れ」とも言われてしまいました。会社の方針に背いて勝手に業者を変えた責任を取って、今回の補償は自分でしろというのです。紹介した業者の資材の安さを当時、喜んでいた社長の言葉とは思えませんでした。彼は「**裏切られた**」のでした。無論、この社長が責任を取らないといけないという法的根拠はありません。裁判をすれば勝つ見込みもあったのです。しかし、彼はそれをしませんでした。苦しい時に何も言わずに救ってくれたＢ社への「最後の恩返し」のつもりで、社長はとんでもない行動に出ました。

　何と社長は損害額2,000万円を肩代わりしてしまったのでした。それは従業員にも家族にも内緒のことでした。しかし、これが会社の経営を圧迫してしまいます。小さくても頑張って黒字を出してきたのですが、利益は赤字すれすれになってしまいます。月々の支払いで運転資金が底を尽き始め、ついには従業員の給料の支払いも遅れるようになっていきました。そのことが従業員と家族に不信感を抱かせました。とても「良い人」であった社長の異変は、すでに周りの人にもわかるようになりました。

　ある日、従業員と家族は、社長から本当のことを聞こうと話し合いを持つことにし、ついにこの事実を知ったのでした。何とか乗り切れないか、そう全員が思い、いろいろと調べ始めました。そして、私のもとに彼の娘さんから電話が来たのです。

　相談者の父親である社長は、借金はすべて自分の名義でしていました。それは、この会社は個人商店で「会社の借金もすべて経営者が責任を持つ」という「無限直接責任」が課せられているからです。このことを知っていて、社長は自分の名義だけで借金をしていました。これは大変有利でした。会社を破産させなくてもいいからです。家も会社も借家なので処分は免れます。今回は、社長本人の破産だけで済みます。まずは弁護士を探すことを私はアドバイスしました。しかし、社長は自己破

産には消極的でした。それは自己破産のウソやデマを信じていたからでした。自己破産をすれば「娘の結婚や孫に迷惑がかかる」そう信じきっていました。親思いの娘さんは何回も私の所に電話やメールで相談をしてきました。そして1つ1つ社長の疑問を解いていってくれました。そしてやっと弁護士への依頼に漕ぎつけられたのでした。

　今では自己破産も済み、会社も健全に経営されていることでしょう。都合上、社長は妻に替わりましたが、変わらず商売を続けています。これと同じような相談は、過去に3件ありました。そのほとんどは「**恩と義理**」に苦しめられた結果してしまった借金が原因でした。連帯保証人になったり借金を肩代わりしたりすることは、悪いことではありません。しかし、たとえ理由がどうであれ今後、自分や周りが苦しむことがないようによく考えて結論を出して頂きたいと思っています。

8　買い物の価値［主婦・40代・自己破産］

　依存症。それは人間なら誰でもなりうる病気です。現代社会に住む人間は、自分で気がつかないうちに大きなストレスに毎日さらされて生活しています。この相談は、そんなストレスを買い物によって発散し続けてきた主婦の相談事例です。

　「自分がコントロールできないんです」という電話がかかってきました。これはきわめて珍しい事例だなと思いました。私たちは人生相談はしないのがルールです。正確に借金のことを把握しアドバイスをするために余計なことはあまり聞かないようにしています。しかし、今回は違っていました。それは40代の主婦の方からの相談でした。夫も子どももいて、マイホームに住み、幸せを絵に描いたようなタイプの主婦です。しかし、彼女は、依存症の一種にかかっていて多額の借金を抱えていました。総額300万円。たいへんな額の借金でした。しかし、それ

を作った原因が依存症にあることに私は興味を持ちました。

　私は、彼女は「買い物依存症」にかかっていると思いました。ただし、俗に言う「買い物依存症」とは高額なブランド品を買いまくるというものですが、近頃はそれと違ったタイプが報告されています。それは「安い物（100円ショップやバーゲン品）を大量に買う」ものでした。ですから「買い物依存症」と「ブランド品依存症」と私は区別して使っています。今回は完全な「買い物依存症」でした。彼女は、何不自由ない生活を送っていました。聞くと夫はその県内では有数の企業に勤め、お子さんも難関の私立高校に通っていました。しかし、彼女はその生活から逃れるように買い物をすることで心を満たしていました。なぜそうする必要があったのか私は詳しく話を聞くことにしました。

　買い物依存は６年前から始まっていました。その年は彼女にとって大切な年だったと聞きました。夫の昇進と子どもの中学入試、そしてマイホームの購入でした。それまでののんびりとした生活から一変してあわただしい環境へ。特に子どもの入試のプレッシャーが彼女の依存のきっかけとなったようでした。子どものことで相談したくても、夫は昇進により仕事が一層忙しくなり、１日中家にいませんでした。そのことで彼女はさらにストレスを溜めるようになっていきました。

　まず、近くのショッピングモールで日用品のバーゲン品を大量に買った行為が引き金となりました。彼女は心の中の何かを埋めたかったのでした。買い物をすると少しは気が楽になる感覚を覚えたということです。それに安い商品ならば生活に支障はないと考えたのでした。それからちょくちょくと買い物をするようになります。洗剤、シャンプー、掃除用品、食品に衣服。どれも生活に必要な物ばかりを買いました。でも、それは最初だけです。

　彼女はその後、常習的に何かを買いあさる生活を続けます。100円ショップで１回に数万円分もの商品を買ったり、時には100キロも離

れたスーパーへバーゲン品を買いに行くこともありました。金額も頻度も増えました。そして、その買い物の資金を借金でまかなうようになっていきます。自分の借りた金で好きな物を買う。彼女はもう止まりませんでした。近所の目があるため、わざわざパソコンを買い、「お取り寄せ」をすることも覚えました。もう買い物以外、彼女の心を満たすものはなかったのです。

　そのうち買う物も何でもよくなっていきました。手当たり次第、買い物かごに入れる。そしてレジで支払う。買った物が使えなくても関係ない、買えればいい。そう思うようになっていきました。ついには使いもしない小さな物をマイホームの至る所に隠すようになっていきました。その数はとても大量であったということです。それでも買い物は止められません。次第に彼女は恐ろしくなっていきました。

　「自分の体ではないみたいだ……」。

　気が付いたときにはすでに家は不用品の山で溢れていました。また、借金も増え続けていきました。それでも買い物は止められませんでした。買い物に行かないと「とめどない恐怖感」が襲ってくるのです。自分で自分の体をコントロールできなくなっていました。そんな時です、子どもが彼女の異変に気が付きました。「お母さんは病気ではないのか」そう感じたのでした。そして、そのことを正直に話してくれたのでした。これが彼女に変化をもたらしました。

　「何とかしなくてはいけない。病気なら治さないといけない……」。

　それから彼女は近くにある病院へ通院を始めました。そのお医者さんの勧めで借金の整理にも乗り出したのです。そして、私たちのNPOを知ったのでした。すでに治療を進め、家族も知っているということだったので、そこから先の話は比較的楽に進みます。

　家族内で話し合ってもらい自己破産をすることは決まりました。債務整理の中では、シンプルな事例です。しかし、もっとも私が恐れるのは

依存症のことでした。一度止められても根本的に治療しなければ、また繰り返す可能性があります。これは医者に言われたことですが、治療が終わっても、彼女は主婦ですからスーパーに買い物には行きます。お酒、パチンコ、薬物、性行為、依存にはいろいろとありますが、まず大切なことは依存対象から離れることなのです。でも彼女は依存対象から離れることができません。

　弁護士に依頼し、彼女は自己破産の手続きを開始しました。これから彼女は自分自身と一生闘っていかなければならないでしょう。それ以後、彼女から連絡はありません。しかし、何も連絡がないということは、同じことを繰り返していないことの証拠だと私は思っています。なぜなら、今度は家族がついているのですから。

第5章

債務整理後の生活

1　債務整理後の生活のススメ

　さて、読者のみなさんにとって最大の心配ごとは、おそらく「債務整理をした後の生活」がどうなるのだろう？　ということでしょう。それはもっともな疑問です。やっと決心がついて債務整理をしたけれど、その後の生活がうまくいかなければ意味がありません。ところが、実はこの「債務整理後の生活」について書かれている本というのは、あまりお目にかかりません。債務整理について書かれた本や雑誌の多くでは、債務整理前や債務整理中のことに重点が置かれています。また、債務整理にかかわる弁護士や司法書士でさえ、**その後の生活のアドバイスはあまりできない**のです。おそらく、それは、その人たちが**債務整理経験者ではない**からなのです。つまり、アドバイスをしたくてもできないのだと思います。私も自身が自己破産を決意する前に、このことがたいへん気になりました。そこでいろいろと調べてみましたが、まったくわからないまま自己破産を申し立てました。本当に生活ができるのか、という大きな不安が重くのしかかってきました。読者のみなさんには、こうした大きな不安を感じてほしくない、という思いでこの章を書くことにしました。

　では、債務整理後の生活は以前と比べてどうなるのでしょうか。答えは簡単です。たいへん快適な生活が送れることでしょう。今まで支払日

や督促に追われ続けた日々が**ウソのように静かに過ごすことができま
す**。これまで目まぐるしく日々を送ってきたので、少々物足りなく感じ
るくらいです。それほど劇的に変わります。

　自己破産以外の債務整理方法を選んだ方については、まだ返済が残っ
ていますが、それでも以前よりもはるかに生活は楽になっているはずで
す。今まで財布の中身を気にしながらしていた買い物も、我慢してきた
外食も今となっては過去のことです。金利支払いのために消えていたお
金は自分のため、家族のため、そして未来のために有効に使えることで
しょう。それが債務整理をして得られた最大の恩恵です。

　しかし、債務整理をしたということで、通常の社会人と比べて若干の
不便さと窮屈さを感じるはずです。それは今まで借金に慣れきっていた
あなたの体質から来るものなのです。私自身も初めはそうでした。

　この章では、そんな方のために、債務整理後の生活の実際や気をつけ
ること、そして、生活を快適にするためのテクニックを披露し、少しで
も債務整理に対する不安を取り除く方法をお教えします。

2　「脱・借金生活」のための３つのポイント

　まず、債務整理をした後の生活で気をつけなければならないのは生活
スタイルの変化です。特に、今まで自転車操業を繰り返していた方は、
このことが不安の種になります。借金中心の生活をしていて突然、借金
なしの生活に戻ると「借金ができない」「給料だけで暮せるのか？」と
いう不安に襲われるからです。これは私も体験しましたし、私たちの
NPOによる追跡調査でも半数に近い方が債務整理後の心境の変化とし
てこのことをあげています。

　そもそも借金の支払いはゼロになり、もしくは大幅に減額されたので
すから、以前よりは多くのお金が生活費等に使えるはずなのですが、な

ぜかこうした不安感が込み上げてきます。この不安感が消えるのに私は2か月ほどかかりました。無論、債務整理を行った方全員が同じということではないのですが、気をつけるべきことに違いはありません。借金に頼らない生活が始まるのですから、気持ちを強くもって暮らしていく決心をしましょう。そうしなければ、この不安感が精神的な弱さとなって、これからあなたに襲い掛かるかもしれない詐欺や悪徳商法等に騙されてしまうかもしれません。

　「脱・借金生活」の実践で大切な第一歩は、家計を見直すことです。生活スタイルが変わるとちょっとした開放感がトラブルの原因となります。今まで我慢してきた物を買ってみたり、遊びに使ってみたり、好きなようにお金を使っているとまた同じことの繰り返しとなってしまうのです。そこで、まずは家計を見直しましょう。精神的に緊迫した状態から解放されるためには、まずゆとりある生活を確立することが必要です。ですから、支払わなくても良くなったお金は、少しずつ生活費に回し、余ったお金は預貯金をすることにします。例えば、以前の相談で食費を今まで家族４人で月に３万円程度に抑えていた方の場合、平均的な一般家庭の食費とされる５万円程度に上げることができるようになり、値段をあまり気にする必要がなくなった分、いつでも新鮮な物が買えるようになり、家族の健康管理にも役立った、という声がありました。また、子どもの学用品もなるべく新しい物を揃えることができたり、塾に通わせることができたりして助かっているという意見も多く寄せられています。ゆとりのある生活はそれ自体、精神的な安心感を与えてくれます。ですから、それを確立させることがたいへん重要なのです。

　でも１つ間違うと、それが「浪費」となりかねません。実は私たちの追跡調査でも債務整理後に浪費をしてしまった方は３割にものぼります。ですから家計簿を付けたりして毎月の支出を計算できるようにしておくべきです。そして、ただお金があるから使うのではなく、目標を

もってお金を「有効に利用する」ことを第一に考えるべきなのです。これがゆとりある生活への第一歩になります。
　次に、必要なことは預貯金です。これからの生活は借金に頼らない、頼れないものなので「いざ！」というときに困らないよう、しっかりと貯めておくことが重要になってきます。しかし、借金に依存してきた方は、解放された安心感からか、皮算用をしたりして貯めることができない方も多く見られるのが現状です。
　そこで、利用したいのは銀行等の「短期の定期預貯金」です。これは銀行によりシステムはまちまちですが最短1か月からの定期が少額で組めるというものです。これを利用して、ある一定期間はお金を絶対に使えないようにすると効果的です。毎月、給料日後すぐに一定の額をこの定期を利用して預け入れていくことが重要で、これを続けていくとそれが「習慣」となって身に付きます。借金ばかりしてきた方にとって、この習慣を身に付けると預貯金が楽になります。当たり前といえば当たり前ですが、多重債務者というのは、こうした点も欠落しているものなのです。一定額（10万円〜30万円）まで貯まってくると、自信と習慣が身に付き、今後の生活の足しにもなるので、是非やって頂きたいと思います。
　あとは悪い習慣をこの際に改めるということも大事です。借金が急激に増えたいわゆる「浪費型」の方はもちろんのこと、徐々に借金が増えていく「生活苦型」の方も何らかの悪い習慣があるはずなのです。なかなか改善できないその習慣も、債務整理をすると「人生最大の反省」をすることになります。心理的にも反省をしている期間なので、これからの生活の不安材料の1つである悪い習慣を改めるチャンスと考えましょう。
　多くの方にとって「借金を繰り返すこと」が悪い習慣であるというのは間違いないでしょう。しかし、そのほかにも悪い習慣はあるはずで

す。例えば、男性では「お酒が好きで飲みに行くのが止められない」「お金はそんなに使わないけれどギャンブルが止められない」「タバコが止められない」など、女性ならば「ブランド物が好きで止められない」「外食が止められない」「友達と旅行に行くのが止められない」などです。それは、今まで「身の丈にあっていない生活」をしてきた習慣なので仕方がないのですが、今後の生活では破綻を招く結果となります。ですから、こうした習慣を改めることが、自分自身の未来を守ることになります。

とはいえ、悪い習慣はすぐには止められません。特に、日常的なタバコやお酒、ギャンブルとなるともっと難しいでしょう。また、無理に止めてしまうとその分ストレスになることもあり、生活に支障をきたすかもしれません。ですから、無理に全部止めるのではなく徐々に「自分の給料に見合った生活」にする程度に改めていけば良いと思います。私たちが受けた相談でも、毎日お酒を飲みに行っていた方が、その回数を週1回にして、残りを自分の家で飲むことに半年くらいかけて改めました。それだけでもかなりの節約になったのですが、こういった努力をすることが重要なのです。偉そうに言っていますが、実は私も同じような努力をしました。以前より飲みに出ることも少なくなり、今ではそれほど「飲みに行きたい」と思わなくなったのです。今までの生活を見直して少しずつ変えていければ借金を必要としない生活ができるはずです。

まずは、実践です。債務整理後の不安はほとんどは気持ちの問題なので、少なくとも紹介した方法を使って生活すべてを見直して下さい。豊かな生活と浪費の生活とは似て非なるものです。豊かでゆとりある生活を目指して努力をすることこそが「脱・借金生活」につながるのです。**くれぐれも債務整理前と同じ生活をしないように！** お忘れなく。

3 最低限の生活を守る「生活保護」

(1) 生活保護の内容

　日本には、生活保護という制度があります。これは憲法第25条で保障されている「生存権」に由来する制度です。具体的には何らかの原因で働くことができず、再び自立できる時まで行政が生活を保障してくれる制度です。私たちのもとに相談にくる個人の方では、およそ2割の方が債務整理後、この生活保護を受けたほうが良いと判断しています。この制度は一度受けるとそれ相当の生活費が確保されるため、審査には厳しいものがありますが、それを恐れずに苦しいのならば申し立てをすることをお勧めしています。

　では、具体的にこの制度はどのような生活を保障してくれるのでしょうか？　それは以下のとおりです。

　① 生活費の扶助
　② 住宅費の扶助
　③ 教育費の扶助
　④ 医療費・介護費の扶助
　⑤ その他（出産扶助・生業扶助・葬祭扶助）※これらは必要に応じて一時的に保護される。

　以上の各項目について、さらに、詳しく説明します。

① 生活費の扶助

　これは一般的な生活費を扶助してくれるものです。食費や衣類・日用品の購入、日々の生活に必要な費用に充てられるもので、生活保護費の大部分を占める費用です。その家族の年齢と人数に応じて支払われる額は違います。また、「加算」といって、障害を持っていたり、70歳以上の高齢者であったり、母子家庭であったりした場合は、若干ですが支給

額が増加したりします。これは私の意見ですが、この制度のありがたいところはこの額が生活するのに十分な額であるという点に尽きると思います。東京都の例ですが、私のように30代の独身家庭でも、最低8万円程度がこの名目で支給されます。自治体の規模や財政によってこの額は変わりますが、それでも、贅沢をしないかぎり十分生活ができる金額が保証されます。

② 住宅費の扶助

　生活ができないということはもちろん、持ち家などの財産がないことが条件ですから、当然家も賃貸となるでしょう。この生活保護のすばらしいところは、生活費とは別に家賃も保証してくれることです。無論、それには上限がある訳ですが、公営住宅であれば、だいたい普通に暮せる大きさの間取りや立地で借りることが可能な額を保証してくれます。ただ制度上、引越し等は事前に連絡をして許可を得ることや現在、決められた額以上の所に住んでいる方は転居しないと生活保護を受けられなかったりしますから注意が必要です。

③ 教育費の扶助

　お子さんがいる場合は、生活費にプラスして学費も保護の対象になります。中学校卒業までの学費に教材代と給食費の全額（数千円程度）が支給されるため、特に母子家庭の方にとっては安心感があるでしょう。しかし、現在私立の学校に通っている子どもがいる場合には、自治体によっては難しいケースがあるため、私立学校が独自で行っている助成制度を利用することになります。

④ 医療費・介護費の扶助

　そして、医療費や介護費も保護の対象になるのが、この制度のすごいところです。医療費については、すべての疾患に対して無料で治療が受けられます。国民健康保険や健康保険などの公的医療保険は一部を除き3割の自己負担ですから、いかに優れているかおわかりになると思いま

す。介護費も介護保険の自己負担分を支払ってくれるため、実質的には無料で介護サービスが受けられるのです。また、介護保険に入れない年齢の方も対象になるので助かります。

しかし、この制度を利用するのには国民健康保険や健康保険などの公的医療保険制度からの脱退が条件ですので、生活保護を必要としなくなった場合はもう一度入り直す必要があります。

⑤ その他（出産扶助・生業扶助・葬祭扶助）

最後は、必要に応じて支給される保護です。出産扶助は妊婦さんが出産に必要な費用を負担してくれる制度です。最低金額の保証ですが、生まれてくる子どもの環境作りには必要でしょう。

次に、生業扶助です。これは2005年から新しく作られた制度で、主に高校進学のための授業料と教材費・制服等の購入費を負担してくれるものです。中学校卒業でいったん、教育費の扶助は打ち切られるため、この保護は現代には必要不可欠であると言えます。また、卒業してからの就職活動に必要なスーツ代等も対象になります。しかし、国公立の高校と決められているところが多く、私立高校に行くためには以前のように奨学金等を利用することになります。

最後に、葬祭扶助ですが、これは私の身内が実際に使いました。内容は最低限の葬祭場の使用費と火葬費、小さい祭壇が付いていました。これも無料で行うことができます。

(2) 生活保護を受けるために

心強い制度ですが、生活保護を受けるためには、まず自治体の窓口へ申請をすることが必要になります。

しかし、昨今の報道等からもわかるように、生活保護の制度自体が財政の悪化によって存続の危機にあります（ですから、北九州市のように申請時に断る場合もあるようです）。しかし、それは申請してみなけれ

ばわかりません。苦しいならば申請をすることが最良なのです。

　実際に生活保護を受けるにはいくつかの除外条件があります。その条件とは、以下の４つです。
　①　働けるなら働いてもらう。
　②　財産があるならば処分する。
　③　身内で援助してもらえるならば援助してもらう。
　④　利用できる制度はすべて利用してもらう。

生活保護はこの４つに**当てはまらない方のみ**申請ができます。つまり「自分でできる努力はすべてして、それでもダメならば」生活を**一時的に**保護してくれるシステムなのです。また、１度生活保護を受けると、担当のケースワーカーが不定期に訪ねてきて自立計画を一緒に立て、自立への道を何とか模索せねばなりません。この制度はあくまで最低限の生活ができるように**補う**ための制度という位置づけであるので、生活保護を受けることのみを目的とする人にとっては、厳しい制度と見えるかもしれません。

　しかし、年金生活者や低所得世帯と比べても格段に高額な生活費の扶助をしてくれる制度ですから、当然と言えば当然です。また、生活保護で借金を返すことはできません。ですから、しっかりと債務整理を行った上で、どうしても生活ができない、仕事が見つからない、病気で働けないといった方は率先して申し立てるべきなのです。

　私は、一貫して債務整理後の生活には精神的な安定が必要であると言い続けてきました。しかし、債務整理前に無茶をして、相当のダメージを抱えたままの方も多くいます。ですから、利用できる制度はすべて利用していただいて、早く真の意味での社会復帰ができるよう、私たちのもとに相談にきた方には勧め続けています。

　最後に、私たちが最近の３年間に受けた相談の中で、生活保護を受けることを勧め、実際に受けられるに至った事例を紹介します（本人の特

定を避けるため、一部内容を変えています）。

[Aさんの場合（男性・58歳・2人家族）]
　Aさんは、地方で小さな会社を経営していましたが、会社を大きくするために、設備投資をしたのが仇となり、会社は倒産してしまいました。自身と連帯保証人になっていた妻も自己破産をしてしまいました。また、倒産する少し前からAさんはうつ病と診断され、とても働ける状態ではありませんでした。妻もハローワークに登録し、何とか職を探そうとしましたが、高齢で見つけることができませんでした。
　私たちは、自己破産の時点から相談を受けていましたが、その後も連絡をとって、Aさんが住んでいる自治体へ生活保護の申請をするように促しました。Aさんは、最初とても嫌がっていましたが、背に腹は代えられず、生活保護の申請をし、現在は保護を受けながら社会復帰への道を探しています。

[Bさんの場合（女性・25歳・2人家族）]
　彼女の場合は、早くから結婚と離婚を経験し、小さい子どもが1人いるシングルマザーでした。第3章に出てくる方とよく似ているのですが、Bさんの場合は働かない夫に愛想を尽かし離婚をしています。しかし、離婚後は、小さな子どもの世話と生活費を稼ぐために無理をして懸命に働いた疲れから、精神・神経疾患にかかり通院治療を余儀なくされました。その時に、借金ができてしまい、少しの間で雪ダルマ式に膨らんでいったのでした。私たちはすぐに自己破産を申し立てると同時に、生活保護を申請し、まずは病気を治すことをアドバイスしました。
　このBさんのように、離婚後の生活のプレッシャーから病気になったりして働けなくなるケースも急増しています。決して無理をしないで生活保護などの利用できる制度はすべて利用し、何とか生活をしていくことが大切です。

[Cさんの場合（男性・33歳・単身）]

　Cさんの場合はちょっと特殊な事例でした。自己破産の相談は本人ではなく、お父さんでしたが、すでに末期がんで余命が1か月だということでした。また、Cさんご自身も身体障害者であるので働くことがままならず、父親がいなくなると生活ができなくなり、途方に暮れていた時に私たちに相談をされました。お父さんの借金の件は亡くなってから相続放棄をするということで納得して頂き、ご自身も生活保護の申請をするようにアドバイスをしました。Cさんの気持ちを考えると、とてもつらいことではありましたが、まずはCさんが生きる希望をしっかりと持って生活をし、ゆくゆくは自立をするきっかけになればと思っています。

　このように何らかの理由で、債務整理後の生活が厳しい方には、生活保護の制度がありますので、恐れずに申請をしていただきたいと思います。よく「債務整理後の生活ができないから債務整理をしない」という本末転倒なことを言う方がいます。しかし、それでは前進できないのです。恥ずかしいと思わずに、こうした制度を積極的に利用し、生活を早く安定させることが自分や家族の未来へとつながるのです。
　最後に怖い、というイメージがある生活保護の申請に対する審査について、審査する行政側の本音を取材していますので紹介したいと思います。
[ある地方自治体の生活保護課の課長さんへのインタビューより]
　「私は長年ケースワーカーとして現場にいました。その時の経験からできるだけ多くの生活保護を受けるべき世帯の方々のために、審査をしています。確かに財政状況でいくとすでに我々の自治体の計上予算を超えていますが、それでもこの生活保護という制度はすばらしい制度であるために、断念をすることは許されません。自分で涙ぐましい努力をし

てもなお、生活ができない、または苦しい方はすぐに申請を出すべきです。

　しかし、近年になって不正受給が各自治体で数多く発生し、その取締り体制が少ないという現状があります。実際、私たち所員だけでは間に合わなくなっています。その分、新規の申請者には『厳しい』と指摘されるような審査もすることとなります。しかし、私も含め、所員全員が**『落とすための審査ではない』**ことを皆さんにわかっていただくために、日夜努力をしています。**許されざるのは不正受給者です。**本当に必要な方の申請は、できるだけ良い結果が出るようにしていますから、絶対に諦めずにまずは申請前の相談に来てください」。

　私はこの課長さんのインタビューをした時にとても安心したことを覚えています。こういった熱い人が役所にもいるんだと正直びっくりしました。皆さんも絶対に諦めずに、まずは窓口へ相談することが大切ではないでしょうか。

　なお、本書では、生活保護制度について大切な点だけをまとめています。もっと詳しくこの制度をお知りになりたい時は、各市町村の生活保護課を訪ねていただくか、図書館や書店でわかりやすく生活保護について書かれた本があります。これらを見て知識を深めてください。

4　病気を治して社会復帰

　生活保護を受けられない、または受ける必要がない方でも、病気を抱えて暮らしている方は数多くいます。特に、多くの借金を抱えて生活をしていると、精神的な病気になるケースがあり、私たちの調査でも相談者の10人に1人は、うつ病などの精神・神経疾患にかかっていることがわかっています。精神・神経疾患は、債務整理中やその後にすぐに治療にかかれるかどうかでその後の生活にも大きく影響をします。

精神・神経疾患は、障害者自立支援法で保護される病気です。自分の住んでいる自治体に申請することで低額で、治療や投薬を受けられます。どんなに高度な治療や高価な薬を処方されてもすべて1割負担で済むのが特徴です。

　精神・神経疾患は自分ではどうすることもできない病気です。私も母の死がきっかけで、中度のPTSD（心的外傷後ストレス障害）と診断されています。睡眠障害やフラッシュバック、死への恐怖からのパニック障害と自分自身ではどうしようもない状態になるのです。しかし、治療によって劇的に快方に向かっていて、最近では軽度の睡眠障害以外は、ほとんど症状が出なくなり改善しています。借金が原因で精神・神経疾患になった方は、債務整理をすることでその原因が取り除かれるため、多くの方はそれ以後の症状が改善します。ピタッと治って普通の生活に戻る方も多いのです。しかし、借金のプレッシャーは想像以上に強く、またさまざまな要素がかかわっているために、債務整理をしてもなお疾患を抱える方もいらっしゃいます。この制度を利用して少しでも早く正常な生活へ復帰することが重要です。

　また、精神・神経疾患以外の病気でも、住んでいる自治体によっては支援の制度もありますので是非役所に出向いて自分が利用できる制度を理解し、徹底的に利用することが明るい未来をつかむことにつながります。

　債務整理をしても問題なく、国民健康保険や健康保険、民間の保険会社の保険などは利用できます。こうした保険が使えないという噂はウソですから、鵜呑みにせず債務整理後の社会復帰のためにしっかり治療をしましょう！

5　子どもが心配で……債務整理と教育ローン

　さて、お子さんがいらっしゃる家庭では、債務整理後の生活で一番の心配ごとは、やはり今後の子どもの進路が確保できるかどうか、にあると思います。現に若い世代の相談者の多くがこのことを気にしていらっしゃるようです。しかし、たとえ債務整理をしていても利用できる制度があるのです。それは、㈱日本政策金融公庫（旧国民生活金融公庫。以下、日本公庫という）が運営する教育ローンです。

　通常、債務整理をすると、自己破産と個人再生は5年から最長10年間、その他の債務整理は3年から5年間**ブラックリスト**に載って融資を受けることはできません。ですから、すべて自分自身の資力で乗り切るわけです。しかし、どうしても子どもの進学に関しては、準備が間に合わなかったりすることが多々あります。でも、ブラックリストに載っている限り、民間の金融機関では絶対に融資はしてくれません。

　しかし、国が設立した日本公庫では、たとえ過去に**債務整理をした方であっても融資の対象**になるのです。この制度は、上限が一律子ども1人につき200万円までですが、困った時には大いに助かる制度です。しかし、対象は国公立の学校であるために、私立学校への進学は日本公庫の判断によります。その点は注意してください。

　将来の子どもの進学があるから債務整理ができない、と本末転倒な考えをしている方は相当数います。でも、私は厳しく言いたい！　本当に子どもの将来を考えているのなら早く債務整理をすべきだ!!　家族のためにも返済が無理だとわかったら、早い段階で債務整理をすることが必要です。そうすれば、その分社会復帰も早く、また楽になるのです。そしてこうした支援制度を大いに活用して将来に備えることが大切です。

［日本公庫の教育ローンを利用するにあたっての注意点］

　　・債務整理後の申込みの場合には、審査の対象になりますが、現在、

債務整理中の方は、審査対象になりません。
- 利用にあたっては、連帯保証人が必要となりますが、保証人をたてることが無理な場合には、別途保証料がかかります。しかし、㈶教育融資補償基金より保証を受けることで申込みができます（保証料は融資が下りた時に、融資総額からあらかじめ差し引かれる形となります）。
- 世帯主の年収に上限があります。年収が多い方は利用ができません。
- 審査は独自の審査基準で行っているようなので、過去に債務整理をした方でも審査対象になりますが、融資を保証するものではありません。世帯主の収入や勤務状態で審査されます。

6　現代社会の必需品、クレジットカードの代用品

(1)　便利なデビットカード

　私や私が主催するNPOの所員たちが、自ら自己破産等の債務整理をし、その後の生活の中で唯一不便さを感じていたことがあります。それは**クレジットカードが使えないこと**です。

　ごく普通に使ってきたクレジットカードがいざなくなってみると、相当不便を感じるのです。例えば、インターネットでの買い物や支払いは、ほとんどがクレジットカードを利用します。また、JRの電子定期券（SuicaやICOCA等）や電子マネーのチャージもクレジットカードが使われています。今や、携帯電話の支払いや公共料金の支払い・家賃の支払いもクレジットカードの時代なのです。無論、現金での支払いもできますが、営業時間外であったりして支払いができなかったこともしばしばあります。その点、クレジットカードであれば24時間365日困ることはありません。

このように、クレジットカードを持てない身分の人間には現代社会はとても住みにくいものなのです。これは債務整理をしてから初めて気が付いたことでした。実は債務整理後の生活は、このこと以外はすこぶる快適で、クレジットカードがないということは、唯一と言っても良い欠点でした。
　しかし、その欠点を補うたいへん便利なものが登場したのです。それが**クレジットカード機能付きのデビットカード**なのです。デビットカードとは銀行口座とオンラインで直結していて、口座の中に、買い物で使用する金額以上の預金額があれば、カード決済ができるというものです。また、カード決済をすると即時口座から引き落とされます。口座預金額＝使用限度額という形になっていて、セキュリティ面でも優れているカードです。でも、残念ながらこのデビットカードはあまり普及していません。それは店舗がこのカードを導入しようとした際、クレジットカードとは別の契約を結び、カードリーダーや暗証番号を入れるシステム等の機械を導入する必要があったからです。ですから、加盟店舗数が伸びずに、現在ではほとんど見かけなくなってしまいました。
　しかし、このクレジットカード機能付きデビットカードは、クレジットカードのカードリーダーで使えるため、たいへん便利なのです。口座に使用する金額以上の預金が必要なのは従来どおりですがクレジットカードとして使用できるため、クレジットカード加盟店のほとんどで使用可能なのです。さらに、このデビットカードは、キャッシュカードにもなっているため、カードを何枚も持つ必要がないのです。
　私は現在、２種類のデビットカードを持っていますがたいへん便利です。また、これまでインターネットでの買い物やプロバイダー料金の支払い、コンビニ決済、公共料金の支払い、高速道路の料金、ガソリンスタンドの給油代金、大手スーパーでの買い物の決済、航空会社のチケット購入等、さまざまな所で使用してみましたが100％使えています。こ

のタイプのデビットカードを手に入れてからは社会生活が非常に充実しています。

ただし、このタイプのデビットカードにも弱点はあります。それは、以下の点です。

- 1回払いしか選択できない（分割やボーナス払いは使用できない）。
- オンラインではなく、手動で決済をする場合は承認が下りないこともある。
- 加盟店でも場合によっては使用できない場合がある（ただし、私自身はまだ経験はありません）。
- 海外では使えない場合がある（特に、レンタカー等のデポジット〔保証金〕が必要な場合は可能性が高いです）。

ですから、万全であると過信はできませんが、それでもたいへん便利なカードなのです。

私たちによる過去の相談事例でも、このクレジットカードの件は多く相談を受けています。このクレジットカード機能付きデビットカードを使って解決した事例を紹介します。

[自動車のシェアリングリースの申込み]

主婦の方からの相談でしたが、ご夫婦揃っての自己破産後、持っていた車が債権者に引き取られてしまったとのことでした。地方なので車がないと週3日のパートに行けない、とレンタカー業者にカーシェアリングリースを頼みました。しかし、どの業者も支払い方法がクレジットカードだけで、とても困っていたということです。そこで、私たちに相談し、すぐにデビットカードを作り、無事にリースを受けることができました。

[息子の家賃]

東京の大学に息子さんが進学した方からの相談でした。勉強を優先さ

せるため、アルバイトを最低限に抑えようと家賃を仕送りすることにしたそうですが、大手の業者はすべてクレジットカード決済での家賃の支払いを求めるので、困っていたそうです。過去に債務整理をしていた方でしたので、無論クレジットカードはありません。ですがこのタイプのカードを作ったことでクレジットカード決済ができ、無事に家賃の仕送りができるようになったのでした。

なお、このクレジットカード機能付きデビットカードは、現在、以下の３つの銀行で取り扱っていて新規発行が可能なのはこのうち２つの銀行です。

・東京スター銀行（MASTERカードの機能付き。現在では新規発行をしていないようです）

・e-bank銀行（VISAカード機能付き。ゴールドカード風なカードも発行しています）

・スルガ銀行（VISAカード機能付き。静岡に本店があり関東近郊にも支店を多く持つ銀行です）

普通の銀行のキャッシュカードを作るように、簡単にクレジットカードの代用品が作れますからお困りの方は申し込んでみてはいかがですか。

(2) 騙されるな！　クレジットカード発行詐欺!!

よくインターネットを見ていると、「ブラックリスト必見！　海外のクレジットカードが発行可能!!」と書いてある記事を目にします。アクセスするとシンガポールや香港、ノルウェーの銀行等の海外の銀行発行のクレジットカードの作り方を教えるというサイトです。申込み欄には、英語で書かれた契約書と電話での面接が必要と書いてあり、それを代行するというのです。

しかし、その国のグリーンカード（居住または労働許可証）を持っていないのにクレジットカードが作れるはずはありません。また、この契

約には別途30万円から100万円程度の申込み費用がかかります。これは、その銀行に保証料として支払うお金だということです。とても怪しさ満載ですね。

　実際に、外国の銀行に多額の保証金を積んで、カードを発行してもらうことはどうやら可能らしいのですが、この手のカードは「チェックカード」と呼ばれていて、中身は上記の「クレジットカード機能付きデビットカード」なのです。チェックカードは、クレジットカードと同じく使えますが海外発行のものは日本では審査が下りないことが多く、使い物にはなりません。これは日本のデビットカードが海外では使えない場合が多いということ似ています。そのようなカードの発行に、数万円から数十万円の代行料がかかるなど到底信じられません。また、カードが届く場合はまだ良いほうで、多くの場合は代行料を振り込んだもののカードは送られず、音信不通となってしまうケースなのです。

　自己破産等をした会社の社長さんや水商売の方などを狙ったこの詐欺ですが、実は古典的なもので古くからあります。私たちが詐欺グループと確認しているのは3業者でどの業者も数か月から数年で名前を変えてインターネット上で広報活動をしています。到底許せない業者ではありますが、被害金額も1件だけでは少ないので、警察が動かない場合が多く、被害者は泣き寝入りをする破目になります。債務整理すると、最低5年から10年（任意整理・特定調停なら、最低3年から最長5年）はクレジットカードは我慢しましょう。

7　あなたを狙う詐欺師・悪徳業者の手口！

　前項でも書きましたが、債務整理後はさまざまな詐欺や悪徳業者の脅威に晒される場合があります。それは今まで借りていた所から名簿業者に個人情報が漏れるためで、これを防ぐ手立てはありません。また、債

務整理直後は精神的に弱っているので、ついつい甘い言葉にのってしまいがちなのです。

　では、具体的にどのような手口の詐欺師や悪徳業者がいるのでしょうか。実際に相談者が被害にあったり、私が独自に調査したり、またはマスコミに報道されたりした事例を以下に紹介します。

(1)　ブラックリスト消去詐欺

　インターネットで被害者を募集している詐欺サイトでの被害で、多くみられるようです。「ブラックリストの情報を消します！　1件につき5万円!!」という風にサイトに宣伝をしているのです。「当社は信用情報機関と強い繋がりがあり、確実にブラック情報を消去できます！」といった感じでサイトには書き連ねています。無論、ブラックリスト情報を消せるというのはウソなのです。

　この手のサイトに連絡をすると、すぐに手数料を振り込むよう言われます。まるでマニュアルがあるようにスラスラと概要を説明し、なぜブラックリストが消せるのかペラペラと喋ってきます。そしてまくし立てるように手数料を振り込ませるのです。通常は手数料を振り込むとすぐに連絡が途絶えるのですが、良いカモを見つけると「あなたのブラックリストはとても状態が悪く、我々では消せないが信用情報機関の友人に頼めば何とかなる」などと言ってさらに法外な手数料を取るケースもあるのです。

　また、『ブラックリスト脱出法』などといった書類や本を高額で売るサイトもあります。中身はインターネットで出回っているウソの情報が書かれていて何の価値もありません。それを信じて実行しても何も効果はなく、結果お金だけが騙し取られることとなるのです。「効果がない」と電話しても「あなたのやり方が悪い、成功した例が多数ある」と突っぱねられるだけです。典型的な詐欺のケースです。

債務整理をすると絶対にブラックリストに登録されます。ですからその情報が間違っていなければ絶対に消すことはできないのです。その期間は任意整理・特定調停ならば最低３年から最長５年、個人再生・自己破産ならば最低５年から最長10年間です。その間はおとなしくしておきましょう。

(2)　融資手数料・紹介詐欺

　これは携帯電話のメールやDMでよく勧誘しています。「ブラックOK！　独自審査ですぐに融資‼」などという文句で、連絡すると５万円から50万円までを融資する契約を結ぼうと言ってきます。しかし、実はこの業者はまったく融資をする気はありません。申し込むといろいろと難くせをつけて断ってきます。そして、その後「あなたの融資には無理があるが手数料を支払えば私の力で何とかします」と言い、高額な手数料を要求してきます。無論、手数料を支払っても融資は受けられません。そればかりか連絡をするともっと高額な手数料を要求してくるのです。ある主婦の方がこの詐欺に引っかかり、30万円ものお金を手数料と称して取られました。警察に訴えましたが、まったく動いてくれず泣き寝入りを余儀なくされました。

　また、紹介料を取って仲間のヤミ金融に連絡をさせる酷い詐欺もあります。被害者は高額な紹介料を取られるだけでなく、普通の金融業者だと思って借りたヤミ金融の金利の恐怖にも耐えなければなりません。

　ブラックリストに載った人間に再び融資する所はごく少数です。騙されないようにしましょう！

(3)　自己破産情報詐欺

　ある日、あなたの自宅へこんな手紙が届きます。「あなたが自己破産したという情報が地方裁判所から漏れてしまっている。私たちの所で止

めているが、それを買い取ってもらいたい」というものです。誰だって焦りますよね。この詐欺はそんな心理を突いた詐欺なのです。焦って連絡をすると高額な金額を要求されます。

　自己破産はその手続きが終了し免責確定となった時点で「官報」に掲載されます。この官報は誰でも買えますがその存在自体は、一般の方にはあまり知られておらず、またいつの時点で掲載されるかは地方裁判所でもわかりません。ですから、ここから特定の個人を探しだすことは、ほとんど100％できません。しかし、詐欺師はこの官報に載っている情報に目を通しているのです。あなたの情報が漏れたわけではなく、無作為に被害者を選んで連絡をしているのです。

　実際に、この被害者は多く、全国の地方裁判所に注意を喚起する貼り紙が出されるほどです。人の弱みにつけ込んだ非人道的な詐欺師なのです。

⑷　自己啓発グッズ詐欺

　これは債務整理をしたかどうかとは関係がないのですが、債務整理後の精神状態ではよく引っかかる詐欺です。自己啓発自体が詐欺ではないのですが、詐欺師の多くは使い物にならないような自己啓発のグッズを高額で売りにくるのです。私の友人で同じく債務整理をし、それがきっかけで離婚、離職をしたのですが、最近になって自暴自棄になりこのような自己啓発にのめり込んでいった人がいます。彼はすでに退職金をすべて自己啓発のために使っていました。でも、実際にていねいに教えたりしてくれた人はいなかったようで結局、詐欺に遭ってしまったということになったのです。

　結局、お金を支払ってセミナーやグッズを購入しただけで、自分が変わるわけではないと思います。いろいろな経験をしたり、いろいろな人と交流して少しずつ変わっていけるのではないでしょうか。

　詐欺師や悪徳商法をしている人は、債務整理をした人間をじっと狙っ

ています。それは、そうでない方よりもお金を持っているからです。普通、何だかんだと言ってもいくらかの借金を背負っています。一方、債務整理をした方は借金の返済がなくなっているか、少額になっているため、実はそうでない方よりも、収入が同じであれば使えるお金の額が多いことになります。また、精神状態も悪い、もしくは開放的になっているために、さまざまな詐欺などに引っかかってしまうのです。

　これを防ぐためには、自分自身が債務整理のことを勉強し、ある程度の知識を身につけることが大切です。「一寸先は闇」、そう痛感して知識をつけてください。それが重要で、社会復帰のために一番の近道なのです。

▷▷コラム：暗躍する整理屋からの連絡

　以前、私たちのNPOへの協力者を募ったことがありました。新聞の全国紙・地方紙それぞれ1回ずつです。結構な数の方からの問い合わせがありましたが、そのうちの8割程度の連絡はとんでもない方からのお誘いだったのでした。

　「石山先生、一緒にやりませんか？」そう言ってかかってくるのは、整理屋と呼ばれる方々からでした。整理屋とは、弁護士資格等がないにもかかわらず、債務整理等の指南や代行、代筆等をして依頼者からお金を得る商売をしている業者のことを言います。無論、これは弁護士法違反なので懲役刑などで厳しく罰せられます（ちなみに、私たちのNPOでは無料でも有料でも代行、代筆、代書は致しません。無料でのアドバイスのみです）。

　地方、とりわけ田舎のほうでは、弁護士の過疎が大きな問題になっています。多重債務で悩んでいても、相談には遠く離れた弁護士事務所に通わなくてはなりません。そこでこうした整理屋の噂を聞いて相談をするのです。

また、地方の整理屋はそれ専門に商売をしている訳ではないので、そうした行為の発見を難しくしています。例えば、小さな建設会社の経営者であったりして、周りに信用のある人がこうした整理屋であったりするのです。「法律に詳しい人」という周りの紹介や噂で整理屋に依頼し自己破産等をするのです。そして、罪の意識もなく「お礼」として金品を渡しています。そのことによっても発見を難しくしています。中には、生活保護を受けているにもかかわらず、こうした整理屋をやっている人もいるのです。

　下記は、ある整理屋とおぼしき人からの電話の記録です。50歳代と見られる彼は、自営業を営んでいるのですが、仲間数人と整理屋をしているらしく、私を勧誘してきた時のやり取りです。私が無資格での弁護活動は違法であると言った直後、彼はこう言いました。

　「石山さん、それはきれいごとですよ。現にかなりの人が借金で困っているじゃないですか。私はあなたと同じボランティアなんですよ。困っている人を少しのお金で助けてどこが悪いんですか？　みんな感謝してくれますよ」。

　相談を受けていて腹が立つことは多くあります。その中でも、この整理屋は絶対に許せません。絶対に引っかからないようにして欲しいものです。また、整理屋にも現役の法律家が関与している場合もあります。相談の中でも数件ですが、整理弁護士、整理司法書士であるケースや、整理屋から法律家の実名が出たこともありました。こういった方法での営業は違法となります。

　最後に、もう一度言います「他人の弱みに付け込んで金を稼ぐ事は卑劣な行為で私は絶対に許しません！」。

「おわりに」に代えて〜私も自己破産者

免責決定の日

「主文　破産者　石山照太を免責する」。
　ある日、地方裁判所から一通の封書が送られてきました。それは私の免責決定書でした。紙切れ１枚の決定書……。しかし、それは私が待ち望んだものでした。これで長かった借金との闘いの終止符が打たれた、とも言えるものでした。
　振り返れば、始まりは９年前のできごとでした。

全ては母の病気から始まった

　1999年３月、私たち家族は地元の大学病院の婦人科外来の待合室にいました。重苦しい雰囲気の中、よそよそしい世間話をしながら母の診察の順番を待っていたのでした。この時、二度と母は今の姿のまま家に帰ることはできない、ということを家族の誰もが予想していませんでした。ただ不安な時が流れていただけでした。
　「石山さん、どうぞ診察室に入ってください」看護師さんにそう言われて、２人の妹と一緒に母は診察室に入っていきました。私は婦人科ということもあり、診察室の外で仕事で間に合わなかった父の到着を待つことにしました。
　それから、ふと気が付くと１時間は過ぎたころ、痺れを切らした私がまだか尋ねようとしたところで、母が診察室から出てきました。妹たち

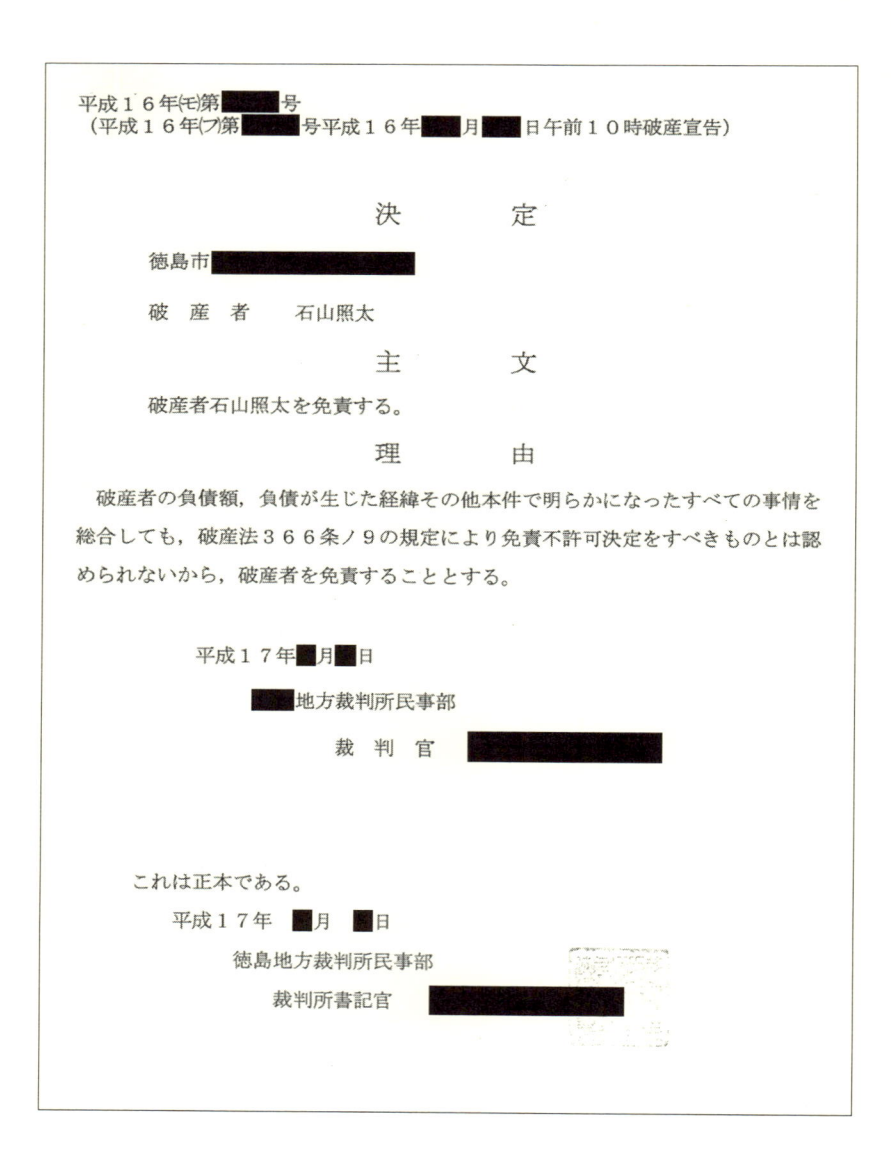

> 平成16年(モ)第■■■号
> （平成16年(フ)第■■■号平成16年■月■日午前10時破産宣告）
>
> 決　　定
>
> 　徳島市■■■■■■■■■■
>
> 　　破　産　者　　石山照太
>
> 主　　文
>
> 　破産者石山照太を免責する。
>
> 理　　由
>
> 　破産者の負債額，負債が生じた経緯その他本件で明らかになったすべての事情を総合しても，破産法366条ノ9の規定により免責不許可決定をすべきものとは認められないから，破産者を免責することとする。
>
> 　　平成17年■月■日
> 　　　　■■地方裁判所民事部
> 　　　　　　裁　判　官　　■■■■■■■■
>
>
> 　これは正本である。
> 　　平成17年■月■日
> 　　　　徳島地方裁判所民事部
> 　　　　　　裁判所書記官　　■■■■■■■■

私の免責決定書
※一部を加工してあります。

に脇を抱きかかえられ、泣きじゃくりながら出てきました。妹たちも泣いていました。私がどうしたのか尋ねると、母は泣きむせびながらこう言ったのでした。

「兄ちゃん、母さんな、子宮頸がんになってしもうたんよ」。

その時、背中を突くような衝撃が私を襲ったのを覚えています。それはまるでテレビの中のドラマの1シーンのようでした。しかし、テレビとは違って、その場面は余りにも淡々と進んでいきました。これが現実なのかそうでないのか、その境目がわからない、そんな感じがしました。私は、合流した父に説明する一方で母をなだめ続けました。

この日のことは、今でも昨日のことのように覚えています。このできごとが私の人生を大きく変えたのです。

母の入院・手術と資金繰り

1週間後、桜も咲き始めた頃に母は入院しました。最初の頃は、見舞いも1週間に1度。事業を立ち上げたばかりの父は多忙だったので、家族の同意が必要な検査の時以外は行く必要がなかったのです。ところが、抗がん剤治療が始まると状況は一変しました。軽い抗がん剤から始めましたが、それでも母の体には大きな負担でした。検査と抗がん剤治療の繰り返しの日々、日増しに弱っていく母の容態と比例するように、私たち家族が見舞いに行く回数も増えていきました。

その頃、私は地元でも有名なリゾートホテルのマネージャーをしていました。業務上休みはあまり取れない内容の仕事でしたが、私の上司たちは理解があり、訳を話すと最大限協力してくれました。それでも、病院に行っている間はタイムカードを切っているので残業代等の手当てはなく給料は以前の3割程になっていました。それにホテルから病院までは往復60キロ程あり、自宅からの通勤も合わせると毎日100キロ以上

の距離を往復していました。そのガソリン代や高速代も少なくありませんでした。ガソリンを満タンにしても3日程度しか持たず、毎月、移動だけで8万円はかかっていたと思います。それでも、抗がん剤で苦しむ母を放っておくことはできませんでした。

当時の私は借金とは無縁で、持っていたクレジット・カードの限度額は20万円で、借金らしい借金は中古車のローン位で140万円程でした。安月給の上、給料自体が目減りしている状態ではしばしばお金が足りなくなることもあり、ガソリン代をカードで払うことはありました。

入院して3か月が過ぎた7月、抗がん剤治療の効果が出始めた頃、母は手術をすることになりました。母のがんは「がんマーカー」こそ2.5という中期の数値でしたが進行が速い様子で転移の可能性が高く、子宮を全摘出して放射線と抗がん剤で再発を抑制する治療が有効と判断したためでした。この時点では100パーセント、がんは根治すると医師も家族も思っていました。

この頃、母は病棟のボスになっていました。もともと、正義感と責任感が強く、世話好きの性格であった母は、病室を超えてがんと闘う患者さんのために、いろいろ相談等を受けたりしていました。病棟の不便な所を病院側と話し合って改善したり、初めての抗がん剤治療を受ける人にアドバイスをしたり、手術に向かう人を励ましたりしていました。「必ずがんに勝つ！」いつしかそれが病棟の患者全員の支えになっていた様子でした。

そして、手術直前、病室を離れる母が呟きました。

「兄ちゃん、怖い……。母ちゃんは生きて帰れるやろうか」これが母の本音でした。それまで泣き言を言わなかった母の最初の弱音だったと記憶しています。ストレッチャーで母が病室を出ると、病棟の患者さんのほとんど全員が廊下に集まってくれていました。

「がんばってな！」「がんに負けるなや！」「成功を祈っとるよ‼」皆、

口々に励ましの言葉をかけてくれました。母は全員と泣きながら握手をし手術室へ向かっていきました。

　手術は9時間もかかる大手術でしたが、予定通りがんの病巣は取り除くことができました。手術に関わった医師たちも、全て順調にいったと報告してくれました。あの時の家族全員の安堵感は今も忘れられません。

　これで全てが終わる。家族の誰もがそう思っていました。

再発

　私の勤めていたリゾートホテルは、夏休みが年間で一番忙しく母の手術が成功したこともあり、私はしばらくの間、母の世話を妹たちに任せて仕事に専念していました。そして夏休みも終った頃、母から連絡が来ました。

　「兄ちゃん、ちょっと病院に来てよ。何か主治医の先生が話があるっていよるけん」。

　9月には退院できると聞いていた私は、きっとその件での話だと思いました。病院に着きしばらく和やかに母と談笑していました。やがて主治医が来るとその表情はきわめて固いものでした。退院の説明ではない、そう私は直感しました。母もピタッと話を止め主治医の話を聞く姿勢を整えたようでした。母も何か物々しさを感じているようです。しかし、主治医の説明は、私たちの想像を超える深刻な内容でした。

　がんが肋骨に転移、再発している、というのです。

　その瞬間、私は初めて母の取り乱した姿を見ました。発狂に近い人間の姿。私は母に覆いかぶさり止めるのに必死でした。必死に説得し、落ち着かせるまで2時間はかかったでしょう。人間は希望をなくすとこんなに脆いものなのかと知りました。

翌日、家族全員が集まってインフォームド・コンセントを受けました。手術で病巣を全て切り取ったことは間違いないが、母のがんは予想を遥かに上回るほどに進行が早く、放射線治療ををしようと検査を行ったところ、再発が確認されたとのことでした。この大学病院にとっても過去に経験がないほどの進行の速さということでした。よって、主治医もその他の医師もなす術がなく、治療は、医療技術の限界まで挑戦すると言われました。

　さらに、医師はこう告げました――「余命は、半年から1年です」。

　この日から母と家族と私との壮絶な闘病生活が始まりました。

寿司と初めての消費者金融

　季節は、秋を感じられる10月となっていました。私は、母の見舞いに行く毎日を送っていました。毎日、100キロの道のりを往復する日々。私の体には疲労と睡魔が蓄積されていきました。

　そんなある日、前よりもきつい抗がん剤治療を受けている母が、私に1つのお願いをしました。抗がん剤の副作用で味覚が全く変わっているので、お酢を使っている寿司や味付けが濃い物が食べたいというものでした。

　抗がん剤は恐ろしい薬です。健康だった母の体は、がんの影響ではなく、抗がん剤によって極限まで弱っていました。髪の毛が抜け、強い吐き気が常時襲います。白血球の値が著しく下がっているため無菌室に入り、好きな時に好きなこともできませんでした。唯一の楽しみとも言える食事ですらも、味覚が変わり薄い味付けでは味を感じなくなっていました。そこで、こんなお願いを私にしてきたのです。

　翌日のこと、私は仕事があったので、妹に寿司を買って来るように伝えました。そして、昼休みに家に戻り、妹が持たせてくれた寿司を母に

届けようと車を運転していました。妹が用意してくれたのは、大手寿司メーカーのパック寿司でした。ふと私は車を運転しながら幼い頃のことを思い出しました。私は病弱で人より多く病気をしました。すぐに高熱を出しては母を心配させていました。しかし、母はいつも優しく私の好きな食事を作ってくれ、文句の一つも言わず、たとえ高価なメロンでさえも病気の時には買ってくれました。当時の母と、母のもとに向かっているその時の私の年齢は同じでした。お金の工面も大変だったであろうと思います。そんなことを考えているうちに自分が腹立たしくなって来ました。

「母が死ぬかもしれない。そんな時にパックの寿司しか自分は渡してやれないのか……」。

そこで、私は病院の近くにある有名な寿司屋に入り、ありったけのお金でできる限り高級なネタの寿司を作ってもらいました。そしてそれを母の病室に届けました。母は包み紙を空けると、「えっ？ 兄ちゃんえぇの？ こんなに贅沢なネタの寿司を」と言って驚きましたが、すぐに上機嫌で食べ始めました。「美味しいわぁ！」。母にとって久しぶりの満足のいく食事でした。そんな母の姿を見ていると、自分の給料に再び腹が立ちました。好きなものを好きなだけ食べさせてやりたい、と無性にそう思いました。

病院から帰って来ると私は、ある消費者金融の店舗の前に立っていました。生まれて初めて消費者金融で50万円を借りました。これが私の借金生活の始まりとなります。ただ、この時は後のことなど考えてはいませんでした。

母の死と病魔

年が明けて2000年1月、母はますます弱っていきました。すでに抗

がん剤、放射線療法はやり尽くし、打つ手はないと言われていました。がんの痛みが、常に体を支配し、モルヒネを常飲する毎日でした。私は借金をしては母のためにいろいろな物を買っていました。ほとんどが食べ物で、1本5万円もする松茸が入った炊込みご飯、天然の鯛の粗炊き、30キロもある平目の握り寿司、そして越前ガニの姿蒸しなど思い付くかぎりの高級な料理を買って行きました。私の借金は、その時点で車のローンも含めると200万円になっていました。

　そして、その時が訪れます。母は2月12日の午後に危篤状態となりました。私がホテルから駆けつけると、すでに父と妹たちは病室にいました。ベッドには複数の医療スタッフに囲まれた母が苦しんでいました。主治医はすでに打つ手がないことを報告してくれました。あとはその時を静かに待つだけでした。

　「しんどい……。しんどい……」。そう母は何度も何度も言い続けていました。「母ちゃん。兄ちゃんが来たよ」私は母に自分が到着したと告げました。すると、すぐに母は私にこう言いました。もう目も焦点が合わずどこを見ているかもわからないのに必死で私を探しながら、「兄ちゃん。しんどい……。母ちゃんは死ぬんかな？」私は泣きながらこう答えました「母ちゃんは死なへんよ。元気になろう！」。この言葉が、私が母についた最後のウソとなりました。そして母はそのまま亡くなりました。

　母の死は、私に強いショックをもたらしました。葬儀の後から、私の体調はおかしくなったのです。強い吐き気とめまいに襲われ立っていられなくなりました。そして、原因不明のまま1か月もの間入院することになりました。入院後も体調は戻らず、さらに睡眠障害や母の死の場面が脳裏に強く浮かぶフラッシュバックという症状も現れました。パニック寸前になることもしばしばありました（後の検査で、中度のPTSD〔心的外傷後ストレス傷害〕と診察される病気の始まりでした）。

退院した後も、精神的に今までの仕事を続ける自信はなく、ホテルを退社し無職になりました。半年程休養した後、PTSDの症状が少し緩和したため、職を探し始めました。ホテル時代のバーテンダーとしての技術が買われ、地元では有名なバーで働くことになりました。その頃、母の遺産が入り、借金も少し減り100万円程となりましたが、病気のこともあって生活は苦しいままでした。バーでの仕事は、きっと私の天職なのでしょう。とても順調でおもしろくやりがいのあるものでした。しかし、8か月程経ったある日、私の人生を荒れたものとしてしまう原因となったもう一つの病魔が訪れます。
　群発性頭痛という病でした。
　群発性頭痛は成人男性、とりわけ20代後半から30代前半にかけて多くかかる病気で、全国で30万人程の患者数がいる病気です。現在では症状を抑える良い薬が出ていますが、完治は難しい病気で原因もわかっていません。症状は、失神するほどに頭が痛むというもので、単なる頭痛ではありませんでした。

闘病生活と膨らむ借金

　群発性頭痛とPTSDを抱えた私は、とても仕事ができる状態にはありませんでした。1日8時間にも及ぶ頭痛の発作との闘い、それがおさまっても今度はPTSDによる睡眠障害です。顔は蒼白になり、唇は紫色になり、外見も変わってしまいました。その時は、とにかく苦しいだけでした。
　病院には週に2回検査に行っていました。しかし、頭痛の原因がわからず病院を転々としながら検査を受けました。CTやMRI・レントゲンの検査等はとても高価で月に8万円も医療費がかかりました。でも、結局検査は無駄に終わり、原因は依然としてわからないままでした。

私は当時、上の妹夫婦と一緒に実家に暮らしていました。父親は別に生活しているため、家計は全て妹の夫によりかかっていました。私はそれを良しとせず、自分のことは自分で支えていました。食費を切り詰め、通院は全て自転車を使っていましたが、それでも月に２万円はかかっていました。父親は心配をして保険をかけてくれていましたが、群発性頭痛とPTSDでは入院できず、保険も下りませんでした。月にかかる生活費と医療費の総額１０万円と金利の３万円は全て借金で賄っていました。その生活は８か月にも及びました。当然、借金は雪だるま式に膨れ上がり借金は２２０万円を超えていました。全く返すあてのない借金でした。

　闘病生活８か月後、ここで私に転機が訪れます。群発性頭痛の症状が緩和してきたのです。そして前のホテルのツテを頼り、家の近くのホテルにアルバイトで雇ってもらうことができました。多額の借金を抱えての不安なままの就職でしたが、それでも働ける喜びはひとしおでした。

　当初は週に３～４日程度でしたが、１年を過ぎると頭痛の発作もなくなり、通常通り働けるようになりました。しかし、PTSDは未だ完治が難しく睡眠障害やフラッシュバックの症状と闘っていました。そのため、病気に頻繁にかかることで、普通の人よりも仕事を休みがちとなっていきました。そのため、給料も通常より少なくなり返せない月は借金をして支払っていたので、借金もだんだんと返せない額になって行きました。

自転車操業のはじまりと破綻の時

　ホテルに勤めてから２年が経過しました。この時、借金はすでに総額３５０万円となっていました。そして、この時から自転車操業が始まりました。

私の当時の月給は20万円程度でした。しかし、借金の返済金は月に13万円となっていましたから、ほとんどが借金返済に消えていきます。そして、同居していた妹夫婦が県外へ出てしまい、実家に独り暮らしとなり、光熱費等も自己負担となりました。そんな中、借りては返す自転車操業の深みにはまっていったのでした。

　月給20万円のうち、13万円を返済に、携帯代を含む光熱費は月4万円、ホテルマンは上着以外の制服は支給されませんから、そのための費用が月に1万円、食費が2万円ですぐにお金は消えていきます。しかし、自転車操業をすると3万円は限度額の中で借りることができました。はじめは罪悪感がありましたが、しばらく続けているとそれもなくなり、まるで「給料の一部」のように感じていました。しかし、借金はそれでは減るはずがありません。それからさらに1年半もの間、この自転車操業は繰り返されていきました。

　何事もなく自転車操業を続けてきたある日、私は不意の事故で肋骨を骨折しました。このことがその後の引き金となりました。ホテルの仕事では、体を激しく動かす宴会業務についていた私は、約1か月の静養を余儀なくされました。そこで給料が1か月分丸々なくなってしまったのです。私は、新しい借り入れをしてその間を凌ぎました。しかし、すでに借金は380万円となっていて、月に15万円の返済金は私が返すには高額でした。3か月後にはお金が足りなくなり借り入れをし、さらにその3か月後にも借り入れを、と歯止めが効かなくなってしまったのでした。

　すでにオーバーローンのまま生活をしていた私でしたが、ついに破綻の時が訪れます。大手のクレジットカード会社が私のカードの使用を止めたのです。すると1か月の間に次々とクレジットカードの使用が止まっていきました。また、消費者金融の貸し出しも止まり、自転車操業ができなくなったのでした。無論、新規の貸し出しもできなくなり、申

し込んでもすぐに断られ続けました。

　ここが、借金の怖いところです。私みたいに病気や生活苦で徐々に借金が増える場合は、長年借金と付き合っているため、感覚が麻痺をしてしまうのです。感覚が麻痺すると視野も狭くなり、借金をしてお金を返すことしか頭になくなるのです。私もそうでした。もがいてもがいてもがきぬいていました。しかし、私の場合はまだ運が良かったのでしょう。全ての貸し出しが止まっていたため、これ以上借金を増やすことができなくなったのです。

　しかし、人によってはこの状態が長く続き、失踪や自殺、強盗などの重篤な犯罪を犯す人も多くあります。追い詰められた人の気持ち。私もその時の人の気持ちは痛いほどよくわかります。なぜならば、私にもその可能性があったからです。

そして、自己破産へ

　お金の工面もつかないまま返済日が近づいていきました。精神状態は最悪で、小康状態であったPTSDの症状もひどくなっていきました。

　人は絶望感が支配する毎日を過ごしていると、とんでもないことをするものです。ある日コンビニで買い物をしていた時、無意識にレジのお金を凝視していたのでした。

　「どうしたんですか？　お客様」店員の呼びかけで我に返った私は一気に恐怖感に襲われました。あのままだったらもしかするとお金を盗っていたかもしれない。自分が犯罪者になるかもしれない……。本当に怖かったのを覚えています。

　それからすぐに、私は以前から気になっていた自己破産についてインターネットで調べ始めました。自分が犯罪者になったら家族にまで迷惑をかける。それならば自分の尻拭いは自分でする。そういう気持ちが私

を突き動かしていました。そこで出会ったのが、今私が代表を務めている「NPO法人　自己破産支援センター」でした。

　前代表の山瀬和彦が運営をしていた当時の掲示板に、私は書き込みをしました。そして、自己破産や将来への不安等についてやり取りをするうちに、自己破産への恐怖や誤解が解消され、なんだか心強い気持ちになりました。今まで誰にも打ち明けたことのない、お金の悩みだっただけに、私にとってはそれはとても大きなできごとでした。

　その後、自己破産関連の情報をしらみ潰しに調べ、司法書士には書類だけを書いてもらい地方裁判所に申し立てることとなりました。

　私は決断が早かったので金融機関からの督促の恐怖を十分味わってはいませんが、それでも書類を集めたりするのに1か月程かかり、合計で2か月間督促が来るかもしれないという恐怖に怯える毎日を送りました。しかし、一度腹を決めると、案外と楽に乗り越えられました。

　書類が完成したその年の10月、自己破産の申し立てを行いました。今までの人生で一番緊張したできごとでした。入ったことも見たこともない地方裁判所の中に1人で入り、書記官に申立書を渡しました。思わず手が震えてきました。でも、その書記官はとても良い人で「緊張しなくてもいいですよ。よく書けた書類ですよ。これならば心配はありませんよ」と言っていただきました。その一言で安心できたことが、思い返されます。

　その日のうちに書類は受理されました。そして、手元には破産法に基づく「受理票」が発行されました。これで督促に怯える日々とはおさらばです。この受理票があることが私が破産法の保護のもとにあるという証明だからです。

　それから2週間後、初めての審尋を迎えました。裁判所は言い訳を聞きません。ですから当日は身なりもきちっとして決して遅れないように気をつけて出頭しました。私の審尋は10分ほどで終わりました。私の

債務総額は430万円で、裁判官は申し立ては妥当であると認めてくれました。「私もいろいろなケースを見ているが、あなたはとても大変でしたね」。そんな裁判官の最後の言葉で審尋は終わりました。

その後、もう一度審尋を受け、地方裁判所での手続きは全て終わりました。あとは債権者が異議申し立てをしないことを祈るのみです。

年は明け2005年1月、私の家に1通の封書が届きました。それは私の「免責決定書」でした。全てが終ったことの証明書でした。しかし、それは決して清清しいものではありませんでした。うれしい気持ちと後悔との入り混じった複雑な心境でした。これも破産者ならではの心境でしょう。とにかく全てが終ったのでした。

さいごに

その後、私は法律を猛勉強しました。なぜならば、自分のこの体験を多くの人に知らせたいと考えたからでした。そして、私は「NPO法人自己破産支援センター」のスタッフとなるに至りました。私の貴重な経験を同じ思いをしている多重債務者の方々に知らせ、自己破産は決して怖くないことを伝えていきたいと思い、今日も相談を受けています。

現在、私たちのもとには年間1,500件もの相談があります。それはどれも苦悩に満ち満ちた相談です。そしてそれらの多くは「もっと早く相談に来てくれれば……」というものでした。この本を書くきっかけは、その思いからです。

この本をお読みいただいた方は、すでにさまざまな知識を得てくださったかと思います。債務整理の入門編を意識して、「法律の条文」を一切入れずにまとめました。意外と頭に入りやすかったのではないかと思います。この本から得たその知識を持って、是非これからの生活の転ばぬ先の杖としてください。そして、現在すでに借金を抱えて苦しいと

思われている方は、遠慮なく私たちや法律家に相談をして下さい。それが明日へと繋がる道となるでしょう。

　なお、本書を執筆するにあたっては、次の方々にたいへんお世話になりました。この場を借りて深く感謝申し上げます。
　行政書士・鐘築克治さん
　　（鐘築行政書士法務事務所　http://www.izumo-gyosei.jp/）
　住宅ローンアドバイザー・福田英二さん
　　（株式会社エフスタイル軽井沢　http://www.fstyle-karuizawa.com/）
　NPO法人自己破産支援センター専務理事・塚平一民さん
　株式会社現代人文社社長・成澤壽信さん＆編集担当・桑山亜也さん

　また、司法書士の後閑一博先生には推薦文を寄せて頂き、感謝感激しております。ホームレスの方たちに対する法律相談のみならず、さまざまな支援活動をしていらっしゃり、本当に「義の人」と言う感じがして共感しています。

　そして最後に、本書の読者の皆さんに感謝します。

2009年2月28日
NPO法人 自己破産支援センター
代表　石山照太

［参考文献］
- 神田将著『図解による民法のしくみ』(自由国民社、2004年〔改訂第2版〕)
- 吉田猫次郎著『その借金なんとかしましょう：猫の手貸します』(朝日新聞社、2004年)
- 宇都宮健児著『イラスト六法　わかりやすい自己破産』(自由国民社、2006年〔改訂第5版〕)
- 破産再生研究会著『自己破産ハンドブック』(データハウス、2006年)
- 山瀬和彦著『面白いほどよくわかる民法のすべて：身近な法律知識が手にとるようにわかる！』(日本文芸社、2005年)
- 高梨公之監修『口語　民法』(自由国民社、2007年〔補訂3版〕)
- 竹下守夫編集代表『大コンメンタール　破産法』(青林書院、2007年)
- 溝呂木雄浩編著『破産は国民の権利だ：借金生活脱出法』(法学書院、2008年)

本書に寄せて

後閑 一博　司法書士（東京司法書士会）

本書のタイトルについて

　私は、ホームレス総合相談ネットワークという任意団体に所属する司法書士です。この団体では、2003年から、東京都内の公園や都のホームレス支援の施設、あるいは犯罪をしてしまった人に対し一時的に宿泊場所等を提供する更生保護施設等で、3,000件を超える相談を受けています。その経験から、本書のタイトル「お金の失敗は必ずやり直せる」は、実際に本書を手にとった方であれば——購入された方であれ、借りた方であれ、めくっただけの方であれ——そのことを実践できるのではないか、と期待してやみません。なぜなら、本書の読者であるあなたは、少なくとも、失敗したという自覚があり、それをやり直すという意思を持っているからで、そのことが"やり直し"にとって、必要にして十分な要素だからと感じているからです。

　なにをもって"やり直し"ができたとするかについては、後に触れますが、失敗の自覚、つまり、自分の過去に正面から向き合うことは、それほどたやすいことではないようです。

　家族や友人・知人であれ、本書の著者が主催するNPOのような民間組織であれ、弁護士・司法書士のような専門家であれ、あるいは（本書の著者がかつてそうであったように）インターネットの掲示板であれ、少なくとも当事者の置かれた境遇に理解を示そうとする第三者と対話することにより、はじめて自分の過去と向き合うことができるというのが多数なのではないかと思えてなりません。

ホームレス総合相談ネットワークでは、日当が出る、施設での相談の機会があったとしても、あえて、プライバシーの確保が難しく相談環境として相応しいとは言えない公園という場で、問題を抱えている人がいないか、こちらから声を掛け続ける活動をしています。これは、さまざまな事情で過去と向き合う勇気を持ちづらい人や、勇気をもって試みたが相手方の無理解により何度も跳ね返されてきた痛みを持つ人たちの対話の相手になりたいからであり、気安く声をかけてもらえる距離を維持したいからです。だから、本書と同じように、しつこいほどに言い続けます。「お金のことであれば、簡単か難しいかは別として必ず解決できます」と。

　いろいろなケースを引いて、これでもかというほど「何とかなる」と言い続けている本書は、その意味で私たちの活動と通じるところがあります。別にお人好しでなくても、ドメスティック・バイオレンスの被害者でなくても、あるいは家族がいなくても、みんな同じです。つまり、本書を手に取った方で、次の支払いの恐怖や将来に対して絶望を抱いているならば、早急に理解者を探すべきです。

"やり直し"に不可欠な理解者の存在

　"やり直し"とは何を指すのでしょうか。一概には言えませんが、個人的には、借金の取り立ての恐怖から逃れ、家族との団らんや仕事や趣味等のための充実した時間を取り戻すことであり、あるいは、自分や家族あるいは大切に思う人の幸せのために努力できる状態に戻ることだと思います。したがって、破産手続が開始され、免責許可の決定があったからといっても、それは単に借金がなくなっただけで、それで"やり直し"ができたとは言えません。逆に、破産申立費用が準備できずに破産申立ができなかったり、免責許可の決定がなかったとしても、イコール

"やり直し"に失敗したとも言えません。

　その意味では、"やり直し"は、自分の過去と向き合うこと、つまり"過去との対話"と直結していると考えます。手続的には終えていても、なぜそうなったのかについて理解が欠如していたり、そうなった原因の解決に着手していないならば、また同じ失敗を繰り返してもおかしくないからです。

　実際に、路上に流れ出てきた人たちにも、多数の自己破産経験者がいます。債務整理の経験者を含めれば、２〜３割の方が弁護士や司法書士などの相談を経験しています。自己破産というリセットボタンを押しても、消えなかった負の財産が自立の足かせになります。ここでいう負の財産とは、何らかの事情で債権者名簿に掲載されなかった借金だけとは限りません。アルコールやギャンブルなどの依存症、家族との問題、うつ病に代表される精神の疾患などが多いのですが、おしなべて言えることは、せっかく、法律家に相談していながら、もっとも重要なことの説明が不十分であること、過去と向き合っているとは言えないことにあります。逆に言えば、法律家が理解者となっていないことに問題の本質があります。それこそ、ほとんど面接すらせずに債務整理を受任し、生活状況を無視して積立をさせ、積立ができなくなると契約不履行で辞任するといった悪質な債務整理が横行しているのも残念な事実です。

　本書では、著者も「すべての法律家が債務整理の専門家ではない」やんわりと説明しているようですが、さらに言えば、債務整理の専門家であるから、理解者であるとは限りません。当事者の方も生身の人間であり、結果だけをとれば愚かしいととられることもします。私は、理解できるかどうか別として、なぜそうしたのか理解をしようとしないのであれば、それは良くない法律家だと思います。

　私は、本来法律家が担うべき役割だと思っているのですが、今のところ、法律家は、必ずしも本人が過去と向き合うための理解者（本人が過

去と対話することへの媒介者）にはなっていないようです。ですから、その代替者が必要であり、著者のように、壮絶な経験を経て、自己破産をした方こそが、それに相応しいと考えています。その意味で、本書は、優れた理解者である著者によって書かれた本であるということが推薦する理由です。

しかし、借金の整理は、法律問題であり技術を要します。厳しい言い方になりますが、本書の中には、法律用語を使わずに説明するという難しさを差し引いても、また間違っているとは言えないまでも、説明としては不十分と思われる箇所が見られます。ただし、本書の目的は、債務整理の「入門編」であり、さらに、過去との対話にすら躊躇される方にまず手にとって欲しい、と意図する本質を弱めたくありません。ですから、ここでは、その限界があることを指摘するにとどめたいと思います。読者の方には、本書を読み、"やり直し"を決意されたのであれば、法テラスなどの無料相談や他の書籍も参考にされることをお勧めます。そして、その「決意」さえあれば、それはたやすいことだと思います。

誰のための手続きか

繰り返しになりますが、債務整理も自己破産も、その方自身が主体的に、過去の生活をみつめ、生活を立て直していくことが重要です。そのために利用できるものとして、弁護士・司法書士などの専門家がいて、専門家に依頼して手続きを進める場合には、専門家に直接相談しながら自ら手続きを進めることができることを原則としています。

しかし、例えば、東京地方裁判所では、弁護士を代理人としないいわゆる「本人申立」はわずかに0.3％しかありません。なぜなら、本人申立をしようとする方に、弁護士代理に誘導するマニュアルがあるからです。なぜ東京の法律事務所が地方で債務整理の広告をしているのか疑問

に思う方も多いと思います。実は、弁護士が代理する申立に限り、申立人個人の住所を定めた「専属管轄」を無視して日本全国の破産を受け付けているのです。つまり、裁判所は、忙しいからという理由で、弁護士代理を事実上強制しておきながら、一方で、専属管轄に違反してまで、事件処理をするという不可思議な運用を行っているのです。

　この運用を最大限に活用すれば、インターネットで相談できて、細かいことも聞かれずに、1回だけバスにのって上京すれば、手続きは完了する、という簡易な手続きで自己破産することもできます。しかし、これまでに述べているように、自分の過去と対話することなく、形式的な手続きの終了が、"やり直し"にあたるのかは、はなはだ疑問です。むしろ、何度も不備の指摘を受けながらも自身で書類を取り揃え、破産申立の書面上からも過去と向き合うことのほうが"やり直し"への近道なのではないかとさえ思います。

　昨今は、インターネット媒体を中心として、債務整理に関する情報が氾濫しています。それが全部において良質な情報とは限りません。むしろ悪質な情報のほうが多数かもしれません。それを正しく判断するには、冷静さがもっとも重要です。にもかかわらず、当事者は常に追いつめられてしまっている。実際には、乗り越えなければならない困難は少なくありません。そんなときは、少しだけ気を楽にして「お金の失敗は必ずやり直せる」から大丈夫だと一呼吸してください。私からも言います。お金の失敗であれば、必ずやり直せます。

　　　　　　　　　　　　　　　　　　　　（ごかん・かずひろ）

［著者紹介］
石山 照太（いしやま・しょうた）
　NPO法人自己破産支援センター代表
　2004年に介護費や医療費のために自己破産を経験。同年上記NPOに入所後、2005年に代表に就任し現在に至る。2007年から現在まで国土交通省国土交通大学校の民法講師を務める。債権債務、ゆとりローン、非正規雇用、SFCG被害者問題等の専門家として、今までにない「多重債務者の目線」で現代社会に警鐘を鳴らしている。

これまでに出演したり、掲載された主なメディア：
　TBS「報道特集NEXT」・テレビ朝日「報道ステーション」・フジテレビ「とくダネ！」・四国放送「フォーカス徳島」「ゴジカル」・NHK・日本経済新聞・朝日新聞・中日新聞・徳島新聞・光文社「FLASH」・集英社「週刊プレイボーイ」など。

NPO法人 自己破産支援センターの連絡先：
　電子メール　npo@revenge.jp
　ウェブサイト　http://www.revenge.jp/

お金の失敗は必ずやり直せる！
自己破産者が教える借金生活を変える法

2009年4月5日　第1版第1刷発行

著　者　　石山照太
発行人　　成澤壽信
編集人　　桑山亜也
発行所　　株式会社 現代人文社
　　　　　〒160-0004 東京都新宿区四谷2-10 八ッ橋ビル7階
　　　　　　Tel　03-5379-0307（代）　　Fax　03-5379-5388
　　　　　　E-mail　henshu@genjin.jp（編集）　　hanbai@genjin.jp（販売）
　　　　　　Web　http://www.genjin.jp　郵便振替口座　00130-3-52366
発売所　　株式会社 大学図書
印刷所　　シナノ書籍印刷株式会社
装　幀　　Malpu Design（渡邉雄哉）

検印省略　Printed in JAPAN
ISBN978-4-87798-413-7 C0032
Ⓒ2009 Ishiyama Syota

本書の一部あるいは全部を無断で複写・転載・転訳載などをすること，または磁気媒体等に入力することは，法律で認められた場合を除き，著作者および出版者の権利の侵害となりますので，これらの行為をする場合には，あらかじめ小社または編集者宛に承諾を求めてください。